极简
图文版

经营战略全史

革新篇

1995—21世纪

［日］三谷宏治 著

［日］星井博文 改编 ［日］飞高翔 绘

朱悦玮 译

SPM 南方出版传媒 广东人民出版社

· 广州 ·

终于超越了大泰勒主义的答案——适应性战略（不断尝试）。

进入 21 世纪之后，随着经济与经营环境的变化，以及科技进化的速度不断加快，定位学派和能力学派一下子全都过时了。因此不管是大泰勒主义还是大梅奥主义也都不再管用。

适应主义应运而生。『不试一试就不知道。究竟应该采取什么定位或者利用哪个能力，要经过尝试之后才能做决定』。制定战略的方法与计划流程全都发生了巨大的改变，如果坚决推行这一方法，就连企业组织都会发生改变（开放化）。

21 世纪的世界和经营以及经营战略论终于登场了。不过首先还是让我们继续了解一下发生在 20 世纪末的最后的争论吧。

※ 本书之中登场人物的「年龄」可能会有 1 岁左右的偏差。

※ 书籍的出版日期都以原版为准。

前言

大泰勒主义（定量分析）与大梅奥主义（人类分析）在幕后的战争。

在《经营战略全史·确立篇》（以下简称「确立篇」）中提到的「定位学派」（波特是领头人）和「能力学派」（巴尼是带头大哥）之间的战争，还存在着另外一个侧面。那就是被称为大泰勒主义的「定量分析」与被称为大梅奥主义的「人类分析」之间的战争。

定位学派几乎都是坚信「通过定量分析和定型的计划流程就能够理解经营战略并且解决问题」的大泰勒主义者。并且创造出了「安索夫矩阵」「SWOT 分析」「经验曲线」「市场增长率－相对市场份额矩阵（PPM）」「商业系统」「五力分析」等大家耳熟能详的分析工具。利用这些工具就可以制定战略，改变商品和生产以及流通，甚至改变组织。

另一方面，能力学派（大约一半的人）则认为「只有重视人性的定性分析才能够了解企业活动」。这是起源于人际关系学说的始祖梅奥的流派。我们没有办法给优秀的领导能力打分，不能用数字来表示组织的灵活性，更画不出学习型组织的 XY 图表。

但波特曾经说过，「要想开发战略，必然离不开分析技法」。因为不能分析的东西很难获得大企业的认可。反过来说，以人际关系学说为基础的经营战略，或许只有独裁者才能够推行。

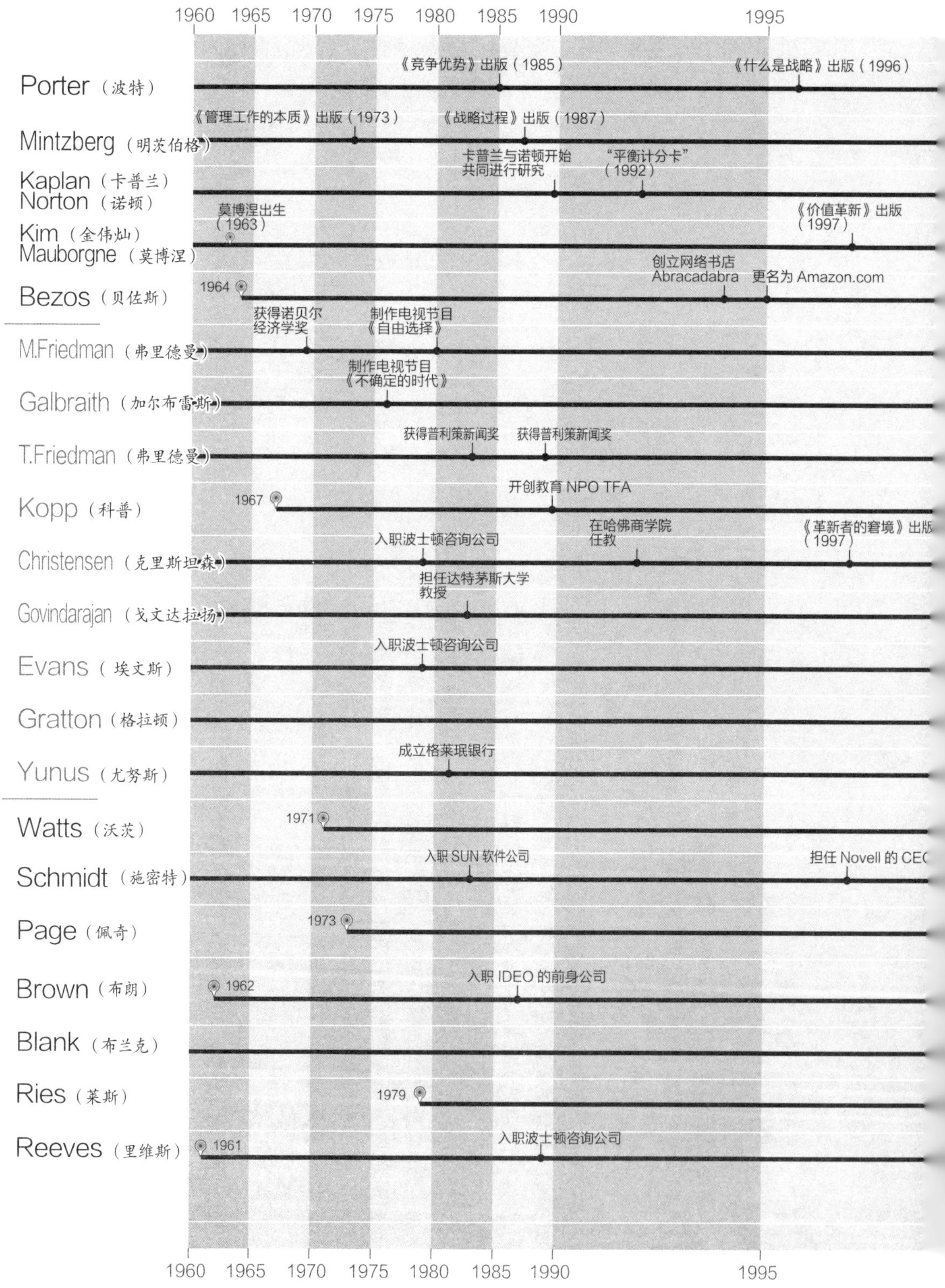
1960 1965 1970 1975 1980 1985 1990 1995
Porter（波特）
《竞争优势》出版（1985）
《什么是战略》出版（1996）
Mintzberg（明茨伯格）
《管理工作的本质》出版（1973）
《战略过程》出版（1987）
Kaplan（卡普兰）
Norton（诺顿）
卡普兰与诺顿开始共同进行研究
"平衡计分卡"（1992）
Kim（金伟灿）
Mauborgne（莫博涅）
莫博涅出生（1963）
《价值革新》出版（1997）
Bezos（贝佐斯）
1964
创立网络书店 Abracadabra
更名为 Amazon.com
M.Friedman（弗里德曼）
获得诺贝尔经济学奖
制作电视节目《自由选择》
Galbraith（加尔布雷斯）
制作电视节目《不确定的时代》
T.Friedman（弗里德曼）
获得普利策新闻奖
获得普利策新闻奖
Kopp（科普）
1967
开创教育 NPO TFA
Christensen（克里斯坦森）
入职波士顿咨询公司
在哈佛商学院任教
《革新者的窘境》出版（1997）
Govindarajan（戈文达拉扬）
担任达特茅斯大学教授
Evans（埃文斯）
入职波士顿咨询公司
Gratton（格拉顿）
Yunus（尤努斯）
成立格莱珉银行
Watts（沃茨）
1971
Schmidt（施密特）
入职 SUN 软件公司
担任 Novell 的 CEO
Page（佩奇）
1973
Brown（布朗）
1962
入职 IDEO 的前身公司
Blank（布兰克）
Ries（莱斯）
1979
Reeves（里维斯）
1961
入职波士顿咨询公司
1960 1965 1970 1975 1980 1985 1990 1995

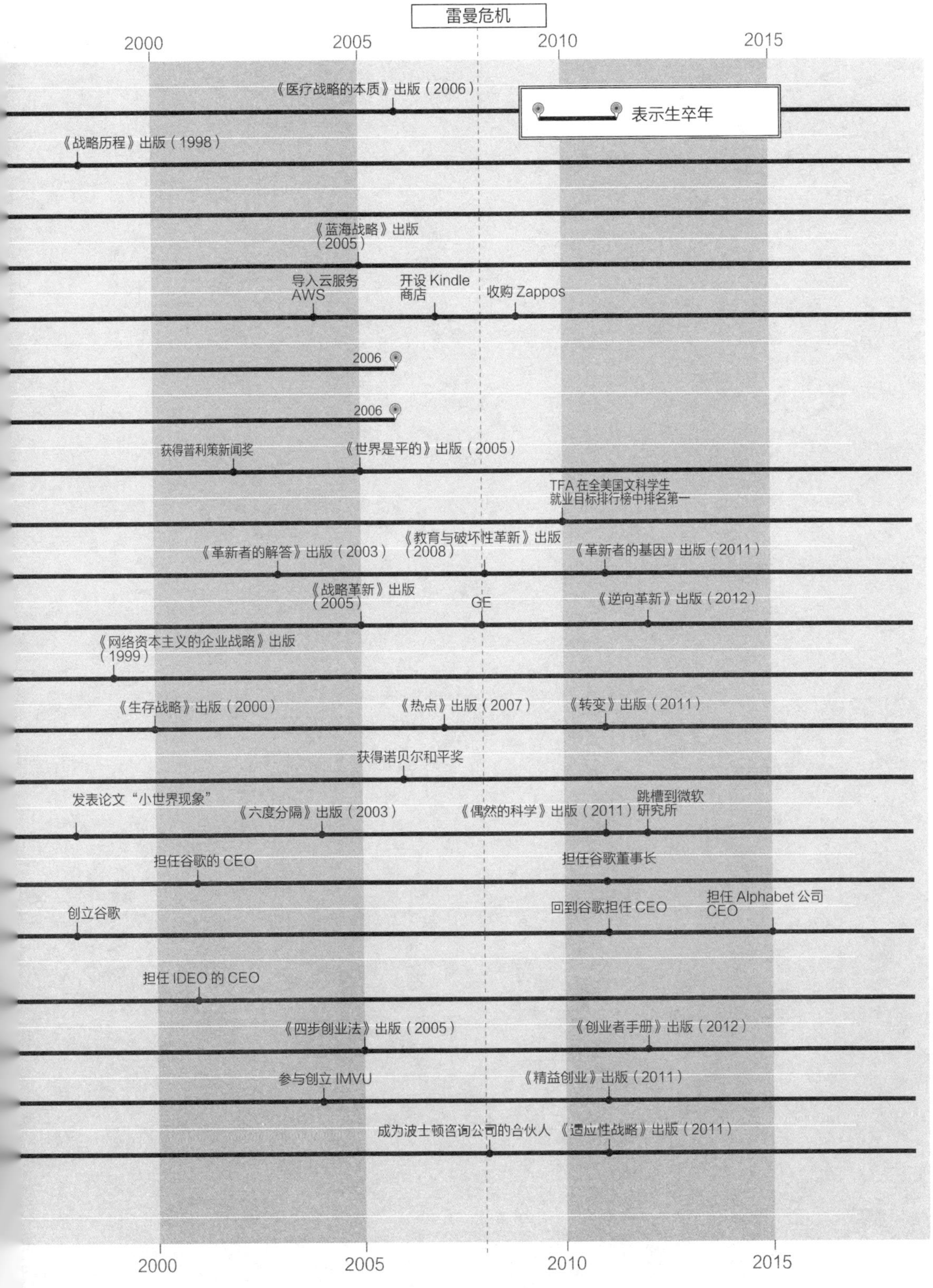
雷曼危机
2000
2005
2010
2015
《医疗战略的本质》出版（2006）
表示生卒年
《战略历程》出版（1998）
《蓝海战略》出版（2005）
导入云服务 AWS
开设 Kindle 商店
收购 Zappos
2006
2006
获得普利策新闻奖
《世界是平的》出版（2005）
TFA 在全美国文科学生就业目标排行榜中排名第一
《教育与破坏性革新》出版（2008）
《革新者的解答》出版（2003）
《革新者的基因》出版（2011）
《战略革新》出版（2005）
GE
《逆向革新》出版（2012）
《网络资本主义的企业战略》出版（1999）
《生存战略》出版（2000）
《热点》出版（2007）
《转变》出版（2011）
获得诺贝尔和平奖
发表论文“小世界现象”
《六度分隔》出版（2003）
《偶然的科学》出版（2011）
跳槽到微软研究所
担任谷歌的 CEO
担任谷歌董事长
创立谷歌
回到谷歌担任 CEO
担任 Alphabet 公司 CEO
担任 IDEO 的 CEO
《四步创业法》出版（2005）
《创业者手册》出版（2012）
参与创立 IMVU
《精益创业》出版（2011）
成为波士顿咨询公司的合伙人
《适应性战略》出版（2011）
2000
2005
2010
2015

目　录

伟人们的午后 2

伟人们的午后 3

TFA

Chapter 1

第一章

近代经营管理的3个源流

波特与巴尼 2000

人际关系学说的诞生

波特

最近我们定位学派好像处于劣势了啊。还以为在 1985 年的《竞争优势》时就已经决出胜负了呢。因为当时没有论敌，我甚至把精力转移到了研究“国家竞争力”、制作讲义和管理顾问工作上……大家要打起精神啊。

波特

虽然能力学派一个劲地说“日本企业很了不起”，但那不就是业务效率化而已吗？或许成本降低了，效率提高了，但那根本称不上是什么战略。战略是一种权衡。为了追求某种价值，就必须放弃其他一些东西。业务效率化是理所当然应该做的事，只是美国企业一直以来并没有做到罢了。只要从现在开始美国企业认真地做到这一点，完全可以奋起直追。

波特

不过现在日本企业的光环也已经变得黯淡了，差不多该是进行反击的时候了。应该和一桥大学的竹内聊一聊关于日本的情况，是否应该给《哈佛商业评论》投稿呢。

巴尼对波特的挑战

巴尼

波特先生，你好啊。你看起来还是那么有精神。

波特

啊，这不是巴尼吗？我当然有精神啦。上学的时候我就玩橄榄球、棒球和高尔夫锻炼身体，现在仍然很结实呢。

巴尼

我读了你在《哈佛商业评论》上发表的《什么是战略》(1996)。你好像对日本企业和我们能力学派进行了毫不留情的抨击啊。

波特

是吗？我并没有那个意思，我只是写出了事实而已。日本企业根本没有真正意义上的“战略”。所谓战略，就是在成本领先和差异化之中二选一。而“重视共识”的日本企业根本做不到这一点。

巴尼

这样啊……算了，让我们把日本企业的事情先放一放，结果你还是认为“应该找出能够盈利的市场，占领能够盈利的位置”，对吧？

波特

是啊，当然了。不管你如何提高能力，都会很快遭到模仿。能力的作用就在于支撑企业独特的定位。这就是所谓的“适应”。

巴尼

但这种定位方法岂不是更容易被模仿吗？

波特

你说什么？

谁先谁后？

巴尼

比如你在《什么是战略》之中提到卡麦克院线（Carmike Cinemas），说他们“只在 20 万人口以下的城市里开设电影院”“利用廉价的工资和运营系统来获得成本优势”“以常客为中心进行个性化的市场营销”，所以他们凭借定位取得了成功，可是卡麦克院线（Carmike Cinemas）很快就因为过度竞争于 2000 年申请破产保护了。

波特

呃……这是经营的方法有问题……

巴尼

经营的品质和能力就是企业能力啊。即便在同一行业而且采用同样战略的企业，他们的业绩也是参差不齐的。所以这不是定位的问题，而是企业能力的问题。我们将其称为资源基础理论（Resource-Based View）。

波特

既然如此，让我也同样举一个二手车经销商车美仕（Car Max）的例子如何？

巴尼

那是将大型家电量贩企业电路城（Circuit City）的连锁展开方法导入到二手车销售领域，所以应该称之为“以连锁管理作为核心竞争力的多元化展开”吧，并不是定位。

波特

是吗（笑）？但是你所说的这个“核心竞争力”之电路城可是破产了，而车美仕却幸存了下来。正是因为它在二手汽车市场之中构筑起了“大量陈列”“商品保证”“不打折”等独特的定位。

巴尼

真是这样吗？虽然车美仕在二手车市场是销售冠军，但如果将新车销量也算上的话，Auto Nation 才是第一。

波特

不不不，并非如此。让我们来看一看公司市值……

（两人互不相让，看来能力学派和定位学派究竟谁先谁后的问题一时间还难有定论）

世纪末的反击——“什么是战略”

迈克尔·波特

- 取得哈佛商学院 MBA 学位之后又取得经济学博士学位。
- 开发出“五力分析”。
- 在即将被哈佛商学院解雇的时候开发出热门课程“ICA”。
- 33 岁出版的《竞争战略》成为畅销书。
- 35 岁成为哈佛商学院史上最年轻的拥有终生资格的正教授。

波特在20世纪末发表了《什么是战略》。
哼哼哼，我在继确立篇后又登场了！
定位学派
迈克尔·波特
（参考确立篇128页）
就在能力学派的诸多理论「斗志昂扬」地想要进军21世纪的时候，
却忽然传来日本企业出现问题的消息。
什么？
你说日本企业的情况一落千丈？
日本所有的企业都开始采取「时间」与「效率化、多品种化」的战略。
多品种化
时间
效率化
商品开发周期越来越短，品种越来越多，价格却越来越低，所有的企业都陷入了高效率低收益的陷阱之中无法自拔。
商品开发
价格
J汽车
H微波炉
I微波炉
G播放机
F播放机
E播放机
ATV
BTV
CTV
认为「要想获得持续性的竞争优势，能力比定位更重要」的能力学派的基础出现了巨大的动摇。
能力学派
这不可能！

于是定位学派的领头人——迈克尔·波特在这个时候发起了反击。
和我想的完全一样嘛。
哼哼哼！
具体内容请参考《什么是战略》一书。
当然要读一读了。
能力战略根本就不是战略，只不过是业务效率化罢了。
HBR
What Is Strategy?
《什么是战略》（1996）
因为大家难以区分这两者，所以都被（能力可以构筑竞争优势）的假话骗了。
波特在这篇论文中专门分析了日本企业的失败原因。
看看日本企业的失败吧！
能力什么的终究无法持续。
请等一下！
根本不用说。
哈哈！
哇哈哈哈！
请适可而止吧！
我们到底哪里失败了？
哎？你们还不知道吗？难怪你们是能力学派啊。

·过于重视共识的日本企业，十分缺乏对于构筑战略必不可少的“严格选择（Hard Choice）”。
·而且日本企业过于重视顾客满意度，只顾着提供顾客想要的商品和服务而失去了自身的定位。
·除了索尼和佳能之外，其他几乎所有的日本企业都在相互模仿。
理由就是上述内容。日本企业根本就没有战略嘛。
咚咚
说的有道理啊……
好不甘心……
啪嗒
你们这是认输了吗？
谁啊？
你的言论太过激了！
能力学派的学者们立刻提出了反驳。
杰恩·巴尼
（参考确立篇 206 页）

定位学派 VS 能力学派
世纪末的大论战
哇哇哇哇哇哇！
开始
只有着眼于中长期的差异化定位，以及与之相「适应」的企业活动才能够保持持续性的竞争优势。
定位学派
所以还是定位最重要。
猛攻
我看是波特你自己不知道什么是战略吧？
效率化可不简单。
能力学派

独特的企业活动才能产生竞争力。
但首先必须决定「在什么地方以什么形式进行」。
也就是说，定位最重要。
必杀技
这是我的提议！
定位的基础
①限定商品与服务
②顾客需求
③顾客易于接触
波特在《竞争优势》中提出的「三大战略」（参考确立篇 130 页）之外，又提出了 3 个定位的基础。
定位重拳
出拳落空
能力只不过是业务效率化而已，
不可能产生大的飞跃。
你还这么说！
互不相让
你来我往

正如波特所说，很多企业即便拥有优秀的能力也无济于事。
定位学派
ワ-加油
ワ-加油!!
恰好相反，有分析指出，即便定位良好仍然无法改变企业的收益。
能力学派
出拳
出拳!!
同样以『经济学』为武器进军经营学的波特和巴尼之间的论战趋于白热化，甚至将他们各自的弟子和同事都卷了进来。
哇哇哇
哇哇哇
定位学派
能力学派
经营战略论究竟是定位在先，
还是能力在先？
跷跷板
究竟谁会在这场世纪末的大论战中胜出呢？

20 世纪末波特的反击——《什么是战略》

001

日本企业发生的变化引发波特的反击

- 就在能力学派的诸多理论“斗志昂扬”地想要进军 21 世纪的时候，却忽然传来作为其理论基础的日本企业出现问题的消息。诞生出 JIT※ 方式和时基竞争战略的日本，所有的企业都开始采取“时间”与“效率化、多品种化”的战略，商品开发周期越来越短，品种越来越多，价格却越来越低。这种能力竞争导致所有的企业都陷入了高效率、低收益的陷阱之中无法自拔，认为“要想获得持续性的竞争优势，能力比定位更重要”的能力学派的基础出现了巨大的动摇。
- 定位学派的领头人迈克尔·波特趁此机会发起了反击，而他反击的武器就是《什么是战略》（1996）。“能力战略根本就不是战略，只不过是业务效率化罢了”“因为大家难以区分这两者，所以都被（能力可以构筑竞争优势的）假话骗了”“所以定位才是最重要的”。

002

看一看日本企业的失败吧，能力终究无法持续

- 波特专门指出“日本企业根本就没有战略”：
  - ·过于重视共识的日本企业，十分缺乏对于构筑战略必不可少的“严格选择（Hard Choice）”。
  - ·而且日本企业过于重视顾客满意度，只顾着提供顾客想要的商品和服务而失去了自身的定位。
  - ·除了索尼和佳能之外，其他几乎所有的日本企业都在相互模仿。
- 尽管波特的论点准确地戳中了日本企业的痛处，但因为其言论过于尖锐，所以遭到了以明茨伯格为首的各学派的学者们的猛烈批判。

003

学者之间的战火再起：“定位”还是“能力”？

- 波特“能力只不过是业务效率化而已”“不可能产生大的飞跃”的批判引发了学会之间的争论。同样以“经济学”为武器进军经营学的波特和巴尼之间的论战趋于白热化，甚至将他们各自的弟子和同事都卷了进来。
- 有研究表明，即便处于“能够盈利的市场”，有的企业仍然无法盈利。与之相对的，也有很多拥有优秀“能力”的企业，经过多年的发展仍然不见起色。在经营战略论的领域，究竟应该是定位在先，还是能力在先呢？
- 究竟谁会在这场世纪末的大论战中胜出呢？

※ 追求在时限内生产与交货。Just-In-Time。

现场派的“结构战略”

亨利·明茨伯格

· 29 岁在麻省理工学院获得管理学博士学位。前往加拿大麦吉尔大学任教。

· 34 岁在《管理工作的本质》中描绘出管理工作的实际情况。

· 55 岁在《战略过程》中对定型的计划进行了否定。

· 59 岁出版的《战略历程》展示了经营战略论的历史。

· 65 岁出版的《管理工作而非 MBA》对传统的 MBA 教育进行了批判。

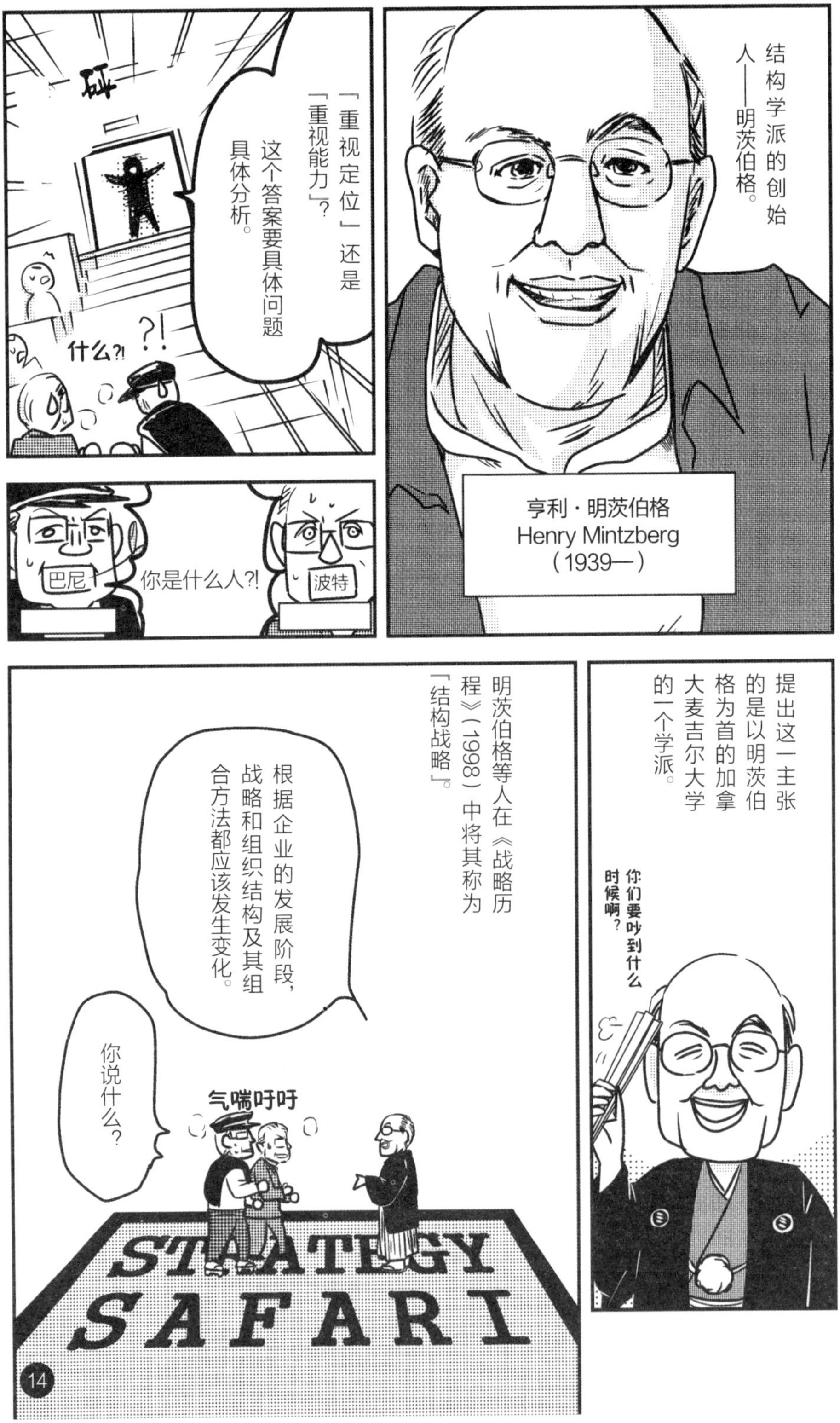
砰
「重视定位」还是「重视能力」？这个答案要具体问题具体分析。
什么?!
?!
巴尼
你是什么人?!
波特
结构学派的创始人——明茨伯格。
亨利·明茨伯格
Henry Mintzberg
（1939—）
明茨伯格等人在《战略历程》（1998）中将其称为「结构战略」。
根据企业的发展阶段，战略和组织结构及其组合方法都应该发生变化。
你说什么？
气喘吁吁
STRATEGY
SAFARI
提出这一主张的是以明茨伯格为首的加拿大麦吉尔大学的一个学派。
你们要吵到什么时候啊？

发展
发展期重视定位。
稳定
稳定期重视能力并对能力进行强化。
适应
让企业运作一段时间。
摸索
摸索期用学习理论来找出方向。
革命
革命期用创业者理论来追求变革。
就像这样……
就是说这些理论都是正确的？
要根据个别的情况来做出判断。
太不负责任了吧！
根据企业身处的环境和自身能力，
「应该重视什么」的答案可谓是千差万别。
变革应该自上而下还是自下而上，
连这个问题都没有定型的判断基准。
这要看企业的领导、管理以及所拥有的时间。
喂喂……
你说的虽然有道理……

但是在结构论盛行的 20 年前，安索夫就在《战略管理》（1979）中提到过同样的内容。
再次登场!!
根据具体的状况将定位和能力完美地结合在一起。
能力
定位
STRATEGIC MANAGEMENT
H. IGOR ANSOFF
伊戈尔·安索夫
（参考确立篇 58 页）
哎
安索夫
我在书中提到过「20 世纪 70 年代之后，许多企业都会认识到：① 竞争已经全球化，② 世界规模的竞争不可避免」。
怎么样，被我说中了吧？
说中了……
你是怎么知道的呢？
限制放宽后多元化进一步发展，EEC 使得欧洲市场进一步扩大，但石油危机却给经济带来了严重的打击……
于是我一下产生了灵感。
OIL
欧洲
如果正如德鲁克在《断层时代》（1969）中预言过的一样，
现在就是不连续的「动荡」的时代。
要想战胜动荡就必须将定位与能力完美地统一结合起来。
动荡

我在书中详细描述了企业经营者所需具备的适应性、权力、企业文化等领导能力。
以及根据环境动荡的5个阶段应该采取怎样的行动。
·针对环境动荡，企业“战略的推进力（定位）”与“能力”必须整合到一起，否则就会导致失败。
·根据环境动荡的程度可以分为以下5个阶段，即“稳定”“反应”“先行”“探究”和“创造”。
哦哦！
90年前就发现了这一点吗？
如果自身的事业环境发生了巨大的变化，那就必须立即进行能力的变革。
什么?!
不要着急，
因为组织结构不像战略那样可以迅速地进行改变。
如果组织改革跟不上变化的形式，那么战略必将失败。
呃……
吃惊
为了避免出现这种情况，必须首先改变组织。

※ 自己公司提供价值的能力（参考确立篇 180 页）

企业最重要的不是领导者而是管理者。
正是管理者们的决策和行动支撑了企业的活动。
管理者的重要性
奋笔疾书
管理者的工作多是片段式、瞬间式的，他们的判断绝大多数是出于『直觉』。
好了
一个好的管理者不是教室培养出来的。
几年后……
他又在《战略过程》（1987）中指出，
Crafting Strategy
好的战略也不是在桌子上制定出来的。
战略不能模式化，
而是必须根据具体情况进行组合的艺术品。
心情舒畅
终于可以睡个好觉了。
经营战略又再次回归到哈佛商学院的安德鲁斯等人所坚信的『艺术』上。
什么
什么

明茨伯格的“结构战略”

001

根据具体的状况将定位与能力完美结合

- 以明茨伯格为首的加拿大麦吉尔大学的一个学派认为，“重视定位”还是“重视能力”这个问题的答案要具体问题具体分析。
- 明茨伯格等人在《战略历程》(1998)中将其称为“结构战略”，根据企业的发展阶段(发展→稳定→适应→摸索→革命)，战略和组织结构及其组合方法都应该发生变化。比如发展期重视定位，稳定期重视能力并对能力进行强化，摸索期用学习理论来找出方向，革命期用创业者理论来追求变革。
- 根据企业身处的环境和自身能力，“应该重视什么”的答案可谓是千差万别。变革应该自上而下还是自下而上，连这个问题都没有定型的判断基准。这要看企业的领导、管理以及所拥有的时间来决定。

002

安索夫已经在《战略管理》中给出了答案

- 其实“根据具体的状况将定位和能力完美地结合在一起”的思想，钱德勒与安索夫早在20年前就已经提出过了。安索夫的《战略管理》出版于1976年。当时的企业所面临的限制放宽、欧洲市场统一以及石油危机等状况与20世纪末的情况非常相似。正如德雷克在《断层时代》(1969)之中所预言的一样，是一个不连续的“动荡”的时代。
- 要想战胜这种“动荡”就必须将“环境”“定位”以及“能力”统一起来。但安索夫也同时指出，如果自己身处的事业环境发生了巨大的变化，那就必须尽快对能力进行变革。因为组织无法像战略那样迅速地做出改变，所以战略必将失败。为了避免出现这种情况，就需要先改变组织(能力)。

003

明茨伯格让战略论重回起点

- 明茨伯格非常重视实务和事实。他的成名作是《管理工作的本质》(1973)。他亲自对管理者们进行了为期数月的观察，从而彻底否定了古典经营理论的常识。
  - ・企业最重要的不是领导者而是管理者，正是管理者们的决策和行动支撑了企业的活动。
  - ・管理者的工作多是片段式、瞬间式的，他们的判断绝大多数是出于“直觉”。
- 他在《战略过程》(1987)中提出，“一个好的管理者不是教室培养出来的”“好的战略也不是在桌子上制定出来的”“必须根据具体情况进行组合”。经营战略又再次回归到哈佛商学院的安德鲁斯等人所坚信的“艺术”上。

“平衡计分卡”联结一切

罗伯特·卡普兰
大卫·诺顿

罗伯特·卡普兰

· 28 岁获得电子工程学和运营研究学位，在卡内基梅隆大学任教。

· 在担任卡内基梅隆大学校长 6 年后（44 岁），前往哈佛商学院。

· 52 岁与诺顿一起在《哈佛商业评论》上发表“平衡计分卡”。

大卫·诺顿

· 34 岁成立诺兰·诺顿公司。

· 51 岁与卡普兰一起在《哈佛商业评论》上发表“平衡计分卡”。

卡普兰与诺顿的管理方法——「平衡计分卡」。
企业究竟是属于谁的？
大卫·诺顿
David Norton
（1941—）
如果是股份制公司的话，股东拥有决定权，那就应该按照股东的意见来对公司进行经营和管理。
也就是说「经营者要体现股东的意志」。
我们是股东，所以要听我们的
股东
但是股东希望企业做什么呢？
提高股价？
更高的分红？
短期利益还是长期利益？
罗伯特·卡普兰
Robert S. Kaplan
（1940—）

美国从 20 世纪 70 年代后半段开始，机构投资者掌握了企业的股票。
机构投资者
证券公司
股票
养老基金
他们追求的是提高股价和短期利益。
给经营者的报酬也不是现金，而是自己公司的股票。
钱钱
赚钱
提高业绩！
钱钱
钱钱
股价上涨你的钱就会变多！
钱钱
钱钱
成长与利益等财务指标变成了经营者的行动准则。
与拼命地制定新战略和实现困难的能力变革相比，
轻松愉快
困难重重
削减人工来提高短期收益，出售有前途的事业来获取现金的方法，可以简单地提高股价从而获得报酬。
美国企业 CEO 的报酬一下子增长到普通员工的数百倍。
咚
而在日本，企业这一数字只有 11 倍左右。
这样的结果就是……

因为会计作假而倒闭，安然（2001：破产），世通（2002：破产）。
因为次贷危机而导致的雷曼危机（2008）。
我们必须做点什么！
闪亮登场
真是非常了不起的发言。
热烈鼓掌
哇哇
请问你们二位是怎么结识的呢？
结识吗？
卡普兰
诺顿
咔嚓
咔嚓

拍案而起
目前以财务指标为主的业绩管理方法过于依赖过去的情报，已经不适用于环境变化剧烈的21世纪的经营。
我们要建立一个「面向将来的企业业绩评价」项目！
是我主动邀请的卡普兰。
诺兰·诺顿研究所
卡普兰，你要和我一起进行研究吗？
握手
当然！
就这样我和卡普兰一起开始了研究。
可以讲一下你们二位的代表作「平衡计分卡」吗？
咔嚓
咔嚓
我们于1992年发表了「平衡计分卡（BSC）」。

请看
平衡计分卡（BSC）
①财务的视点（过去）
②顾客的视点（外部）
③内部业务流程的视点（内部）
④革新与学习的视点（将来）
BSC以这4个视点对企业的经营进行评价。
首先要按照战略，通过这4个视点将活动项目相互联系起来。
哦哦哦
然后设定各自的数值目标和评价指标。
对这些指标进行检测的同时，促进公司内部流程的改善和个人能力水平的提高，从而推动企业变革。
BSC重视财务指标之外的视点，非常具有创新性。
我们的方法更好！
BSC
啊，那是什么？
看起来不错。
「改变偏重于财务（过去）的经营」以「将长期战略（将来）和眼前的活动（现在）相结合」为目标。
光明的未来

1997 年在接受调查的美国企业中有 64% 都采用了类似于 BSC 的「多面型业绩评价工具」。
BSC 率
64%
尽管 BSC 本身没有预防安然事件和雷曼危机的能力，
但我们仍然坚信它是有意义的。
咔嚓
咔嚓
咔嚓
将定位（顾客的视点）与能力（业务与学习的视点）结合起来，并且将它们与财务指标联系到一起，这是一次伟大的尝试。
财务指标
定位
能力
他们还将「连接」的意识推广开来。
从这个意义上来说，也算是支持了安索夫与明茨伯格提出的「将环境、定位、能力结合到一起」的概念。
他们的尝试在 21 世纪终于取得了成果。
INSEAD 的金伟灿和莫博涅的《蓝海战略》诞生了。

卡普兰与诺顿的全公司管理方法——“平衡计分卡”

001

从 20 世纪 70 年代后半段开始偏重于财务价值和股东价值

- 企业究竟是属于谁的？如果是股份制公司的话，股东拥有决定权，那就应该按照股东的意见来对公司进行经营和管理，甚至可以说“经营者就是体现股东意志的代理人 ※1”。
- 美国从 20 世纪 70 年代后半段开始，机构投资者 ※2 开始掌握企业的股票。他们追求的是提高股价和短期利益，给经营者的报酬也不是现金而变成了其自己公司的股票，利益和 ROE（自身资本利益率）、ROA（总资产利益率）、PER（股价收益率）等财务指标成为经营者的行动准则。与拼命地制定新战略却难以实现新战略、从而需变革能力这种方法相比，采取削减人工来提高短期收益，出售有前途的事业来获取现金的方法可以简单地提高股价从而获得报酬。而这样做导致的结果就是时代的宠儿安然公司和世通公司都因为会计作假而分别于 2001 年和 2002 年破产，因为次贷危机导致出现了雷曼危机（2008 年）。一直以来“偏重财务价值”的做法必须得到修正。

002

卡普兰与诺顿的“平衡计分卡”（1992）可以将一切都结合起来进行测量

- 诺兰・诺顿研究所的大卫・诺顿（David Norton 1941—）和哈佛商学院的罗伯特・卡普兰（Robert S. Kaplan 1940—），一起创立了“面向将来的企业业绩评价”项目，并且于两年后的 1992 年提出了“平衡计分卡（BSC）”。经营战略不再只依赖“财务（过去）”，而是通过“顾客（外部）”“内部业务流程（内部）”“革新与学习（将来）”总共 4 个视点来将活动项目相互联系在一起（制作战略地图）。然后设定各自的数值目标和评价指标，对这些指标进行检测的同时，促进公司内部流程的改善和个人能力水平的提高，从而推动企业变革。
- 卡普兰等人“改变偏重于财务（过去）的经营”，以“将长期战略（将来）和眼前的活动（现在）相结合”为目标的努力得到了世人的认可，1997 年在接受调查的美国企业中有 64% 都采用了类似于 BSC 的“多面型业绩评价工具”。
- 尽管 BSC 本身没有预防安然事件和雷曼危机的能力，但由于其将定位（顾客的视点）与能力（业务与学习的视点）结合起来，并且将它们与财务指标联系到一起，这是一次伟大的尝试。
- 同时 BSC 还将“连接”的意识推广开来。从这个意义上来说，也算是支持了安索夫与明茨伯格提出的“将环境、定位、能力结合到一起”的概念。

※1 也被称为代理人理论。

※2 养老基金和保险公司、投资银行、证券公司、投资基金等。

《蓝海战略》的开拓者

金伟灿 勒妮·莫博涅

金伟灿

· 出生于韩国。在密歇根大学罗斯商学院学习经营学后留校任教。

· 40 岁跳槽到英士国际商学院（INSEAD）。在进行教育和研究的同时，还为宝马公司（BMW）等公司提供管理咨询的服务。

· 53 岁与莫博涅一起发表《蓝海战略》。

勒妮·莫博涅

· 出生于美国。

· 29 岁与金伟灿一起跳槽到英士国际商学院。

· 40 岁与金伟灿一起发表《蓝海战略》，然后在全世界范围内宣传这一理论。

将定位与能力融合在一起的金伟灿与莫博涅。
金伟灿
W. Chan Kim
（1952—）
勒妮·莫博涅
Renée Mauborgne
（1963—）
同为密歇根大学教员的金伟灿与莫博涅，
为了追求更好的研究条件而同时跳槽到位于法国的 INSEAD。
INSEAD
韩国出身的金伟灿为 BMW 等企业提供管理咨询服务。
BMW
美国出身的莫博涅则是在全世界进行巡回演讲的『Great Presenter』。
2004 年
一个前所未有的战略论从欧洲诞生。
完成了。
这才是理想的经营战略论。
HBR
不是竞争非常激烈的『红海』，
而是以新价值和成本为基础的没有竞争的『蓝海』。

金伟灿与莫博涅创作的《蓝海战略》（2005）卖出了350万册。
他们二人也连续多次被「Thinkers 50」（每两年评选一次）选中为影响世界的50位经营思想家，并且名列前茅。在2015年度评选中，他们高居第三名。而从2009年开始他们更是连续4次排在前五名之内，这是绝无仅有的。
Thinkers 50
多亏了在INSEAD进行研究呢。
我说得没错吧？
他们二人进行研究的INSEAD是一家国际性的研究机构。
金伟灿等人的研究对象偏重于美国企业。他们两人花费了好几年的时间对全世界30个行业之中150个战略事例进行调查，不只关注胜利者，同时也关注失败者。
这项调查最终成就了《蓝海战略》。
为什么所有人都在否定我的主张？
哎……
惊讶

战略就是在竞争中获胜。
太过分了！
咚
如你所知
波特
第三次登场
他们两人的观点否定了波特的主张。
哎呀，你哭了！
你在哭啊？
战斗的方法只有是否锁定市场。
是否利用高附加值来实现『差异化战略』，是否利用低成本来实现『成本领先战略』。
也就是说战略就是在追求高附加值，
和追求低成本之间的权衡，仅此而已。
砰砰砰
低成本
高附加值
选择哪一个？
还想在『红海』之中奋战到底呢。
那样做的话只会继续流血啊！
什么?!
呵呵呵呵呵
掉落

优秀的战略是创造一个没有竞争对手的崭新市场！
并不一定要在高附加值与低成本之间进行权衡，可以使高附加值与低成本实现共存。
也就是说，战略就是找出一个新的市场概念，并且将其实现的能力（等于价值革新）。
哈哈哈哈！怎么会有那种事？
你能拿出证据来吗？
你们说的太没有营养了。
所以我一边听音乐一边喝咖啡。
你手里拿的是iPod吧？
另一只手拿的是星巴克的咖啡吧？
什么时候拿起来的？

太阳马戏团，
和日本的 QB HOUSE，都是很好的证据。
10分 1000日元
QB HOUSE
怎么样？
可恶……
那些只不过是偶然的产物罢了。
所谓革新就是从传统的商品和服务之中跳脱出来，从而大幅改变提供的附加值和所需要的成本。
转变
新商品
传统商品
要想实现这一点，分析、计划以及大泰勒主义都不行，
只有依靠创业家理论和学习理论。
或者像明茨伯格所说的那样，是艺术性的战略。
但金伟灿和莫博涅并没有将《蓝海战略》当作一种偶然或者是艺术品。
再见
在《蓝海战略》之中我提出了创建战略所必需的 12 种工具。
12 种工具
“战略布局图”“消除、削减、增加、创造”等。
这些都是金伟灿在实际的管理咨询工作中发明出来的。
所以非常实用。

任天堂在开发DS（2004）和Wii（2006）的时候就采用了这些工具。
12种工具
成功地针对「崭新的顾客群体」开发出了具备新附加值和低成本的商品，开拓了新的市场。
真不错啊！
电视游戏终于从一直以来的「面向少年」「高规格」「高成本」的旋涡中挣脱出来。
面向少年
高成本
高规格
哼哼哼
咚咚
但任天堂的战争远没有结束。
蓝海越成功，越容易吸引更多的竞争者加入，导致蓝海变成红海。
鲨鱼来了
快跑啊！
哎呀！
《蓝海战略》所追求的「探索新市场」和「定位与能力的创造与融合」是永远持续的。
探索新市场
啊——心情舒畅
真是和平啊！
定位与能力的创造与融合

将定位与能力融合起来的金伟灿与莫博涅的《蓝海战略》

001

首次诞生于欧洲的大热门作品《蓝海战略》

- 2004 年，一个前所未有的战略论从欧洲诞生，这就是《蓝海战略》※1。不是竞争非常激烈的“红海”，而是以新价值和低成本为基础的没有竞争的“蓝海”为目标的理论，完全否定了波特一直以来主张的“附加价值与成本之间的权衡”这一理论。
- 这本书的作者是 INSEAD 的金伟灿（W. Chan Kim 1952—）和勒妮·莫博涅（Renée Mauborgne 1963—）。他们两人也连续多次被“Thinkers 50”（每两年评选一次）选中为影响世界的 50 位经营思想家，并且名列前茅，在 2015 年度评选中，他们高居第三名※2，更史无前例地从 2009 年开始连续 4 次排在前五名之内。
- 位于法国巴黎郊外枫丹白露的 INSEAD 以其国际性（聚集来自全世界约 100 个国家的学生）著称，金伟灿与莫博涅的研究对象主要以美国企业为主。他们花费了好几年的时间对全世界 30 个行业之中 150 个战略事例进行调查，不只关注胜利者，同时也关注失败者。研究成果以《价值革新》（1997）为题最早发表于《哈佛商业评论》，后来出版为《蓝海战略》。

002

让差异化与成本领先共存才是价值革新

- 波特认为“战略就是在追求高附加值和低成本之间的权衡”。但金伟灿和莫博涅却提出了反对意见。他们认为高附加值和低成本并不是相互排斥的，而是可以共存的。战略就是找出一个新的市场概念，并且将其实现的能力（等于价值革新）。苹果的 iPod、太阳马戏团、星巴克以及日本的 QB HOUSE 都属于这种情况。
- 金伟灿和莫博涅并没有将《蓝海战略》当作一种偶然或者是艺术品，而是创作了 12 种实用型的经营工具，包括“战略布局图”“消除、削减、增加、创造”等。
- 岩田聪（1959—2015）带领下的任天堂在开发 DS（2004）和 Wii（2006）的时候就利用了这些工具，成功地针对“崭新的顾客群体（女性和成年人）”开发出了具备新附加值和低成本的商品，开拓了新的市场。
- 但金伟灿指出，任天堂的战斗远远没有结束。蓝海越成功，越容易吸引更多的竞争者加入，导致蓝海变成红海。《蓝海战略》所追求的“探索新市场”和“定位与能力的创造与融合”是永远持续的。

※1 最早刊登于《哈佛商业评论》。书于 2005 年出版。

※2 2015 年度评选第一位是迈克尔·波特，第二位是克莱顿·克里斯坦森。

- 01 Porter
- 02 Mintzberg
- 03 Kaplan-Norton
- 04 Kim-Mauborgne
-  05 Bezos
- 06 Galbraith
- 07 T. Friedman
- 08 Accenture
- 09 Kopp
- 10 Christensen
- 11 Govindarajan
- 12 Evans
- 13 Gratton
- 14 Yunus
- 15 Watts
- 16 Schmidt-Page
- 17 Brown
- 18 Blank-Ries
- 19 Reeves

以独一无二为目标的亚马逊

杰夫·贝佐斯

· 在德克萨斯州广阔的牧场里度过了自己的青春时光。

· 在普林斯顿大学攻读物理学和计算机，毕业后在华尔街从事系统开发工作。

· 26 岁跳槽到一家对冲基金公司，两年后成为最年轻的副总裁。

· 30 岁创立网络书店 Abracadabra，第二年改名为 Amazon.com。

利用新能力实现新定位的贝佐斯。
杰夫·贝佐斯
Jeffrey Preston Bezos
（1964—）
亚马逊的创业者杰夫·贝佐斯在德克萨斯州 100 平方公里的牧场里度过了自己的青春时光。
哇
他先在普林斯顿大学攻读物理学，后来转学计算机。
贝佐斯以迅雷不及掩耳之势进军互联网商业。
1994 年春
互联网利用率比去年提高 23 倍！
竟然比去年提高了 23 倍！
他发现互联网虽然刚刚诞生不久，但利用率却以惊人的速度增长。
震惊
互联网除了交流之外还有没有其他的作用呢……
太诱人了！

贝佐斯列出了20个左右能够在互联网上销售的商品。
排在第一位的就是「书」。
1位
BOOK
2位
书不只能在书店里销售，还可以进行邮购。
所以消费者对互联网销售应该也不排斥。
而且书的品种太多，纸质的邮购目录局限性太大。
利用互联网的话可以大幅提高效率。
至于竞争对手，实体书店排名第一的企业，市场占有率也在20%以下，不需要担心。
这是千载难逢的好机会！
握拳
同年夏天，贝佐斯就放弃了对冲基金副总裁的高薪，
与妻子一起离开了纽约。
出发！
出发！
请问……
这些行李要送到什么地方？
快点出发！
我还没想到要去哪儿。
什么……

总之先去西海岸！
梦想的世界一定就在那里等待着我。
咚
对不起。
啊……
他总是这样。
夫人您也辛苦了。
贝佐斯先搭乘飞机来到德克萨斯，
NY
德克萨斯
西雅图
然后驾驶着继父的二手雪佛兰前往西雅图。
就在这里安家吧！
他抵达西雅图的当天就找好了房子，并且购置了三台工作终端，立即着手开始创业。
车库足够大
立刻决定
哎，已经决定了吗？
销售员
速度正是贝佐斯取胜的关键。
行李在哪呢？
搬家公司的车还没到呢。

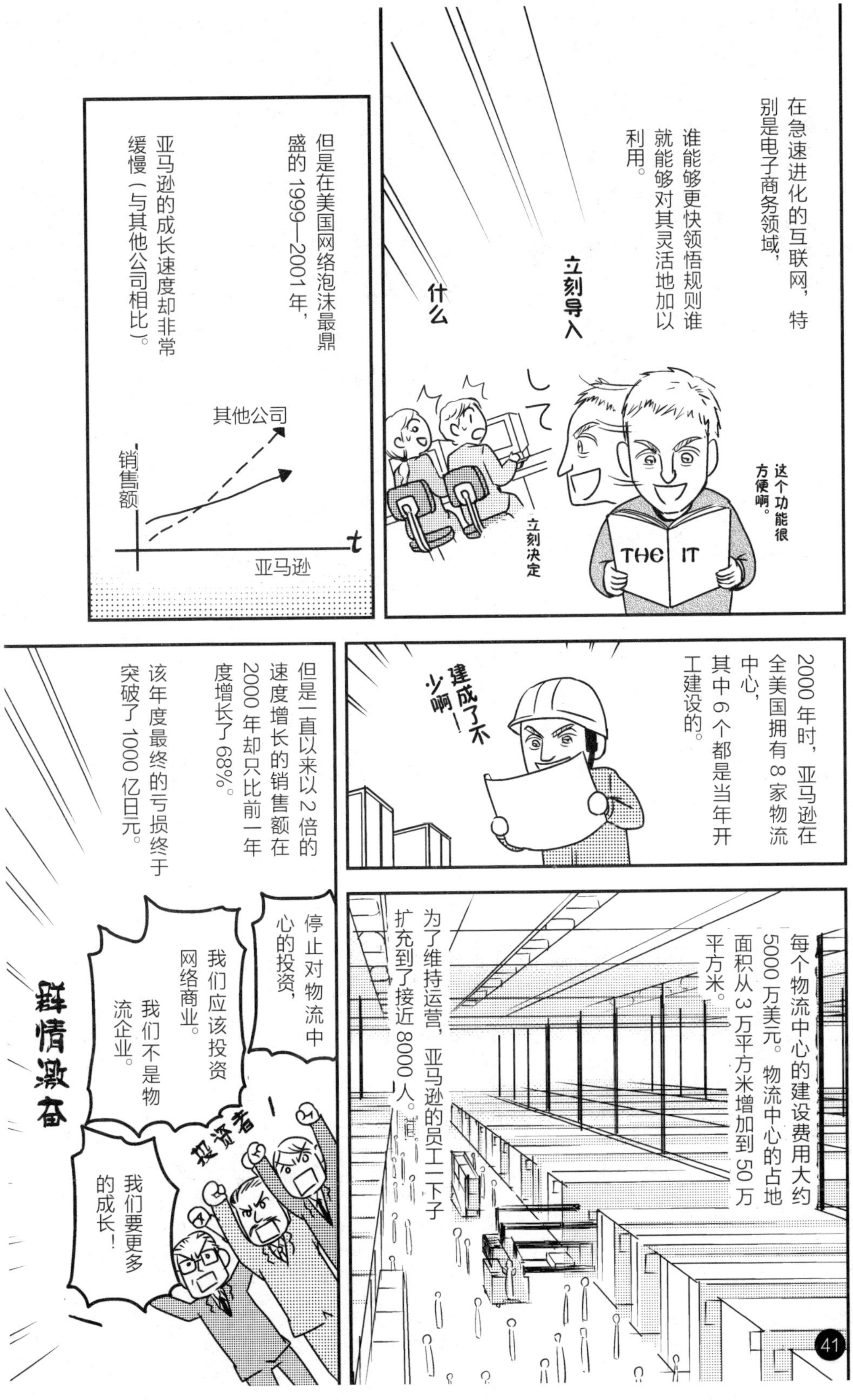
在急速进化的互联网，特别是电子商务领域，
谁能够更快领悟规则谁就能够对其灵活地加以利用。
这个功能很方便啊。
THE IT
立刻导入
して
什么
立刻决定
但是在美国网络泡沫最鼎盛的1999—2001年，
亚马逊的成长速度却非常缓慢（与其他公司相比）。
其他公司
销售额
t
亚马逊
2000年时，亚马逊在全美国拥有8家物流中心，其中6个都是当年开工建设的。
建成了不少啊！
但是一直以来以2倍的速度增长的销售额在2000年却只比前一年度增长了68%。
该年度最终的亏损终于突破了1000亿日元。
每个物流中心的建设费用大约5000万美元。物流中心的占地面积从3万平方米增加到50万平方米。
为了维持运营，亚马逊的员工一下子扩充到了接近8000人。
停止对物流中心的投资，
我们应该投资网络商业。
我们不是物流企业。
群情激奋
投资者！
我们要更多的成长！

2000年4月互联网泡沫崩溃，亚马逊的股价持续下跌，到2001年4月跌至8美元。
是其巅峰时期的十四分之一。
开什么玩笑！
把钱还给我！
真是不应该投资网络股票啊。
尽管分析师和投资者们怨声连连……
不要怕。
贝佐斯毫不在意。
正因为建立了强大的物流中心……
所以亚马逊拥有压倒性的「持续的竞争力」。

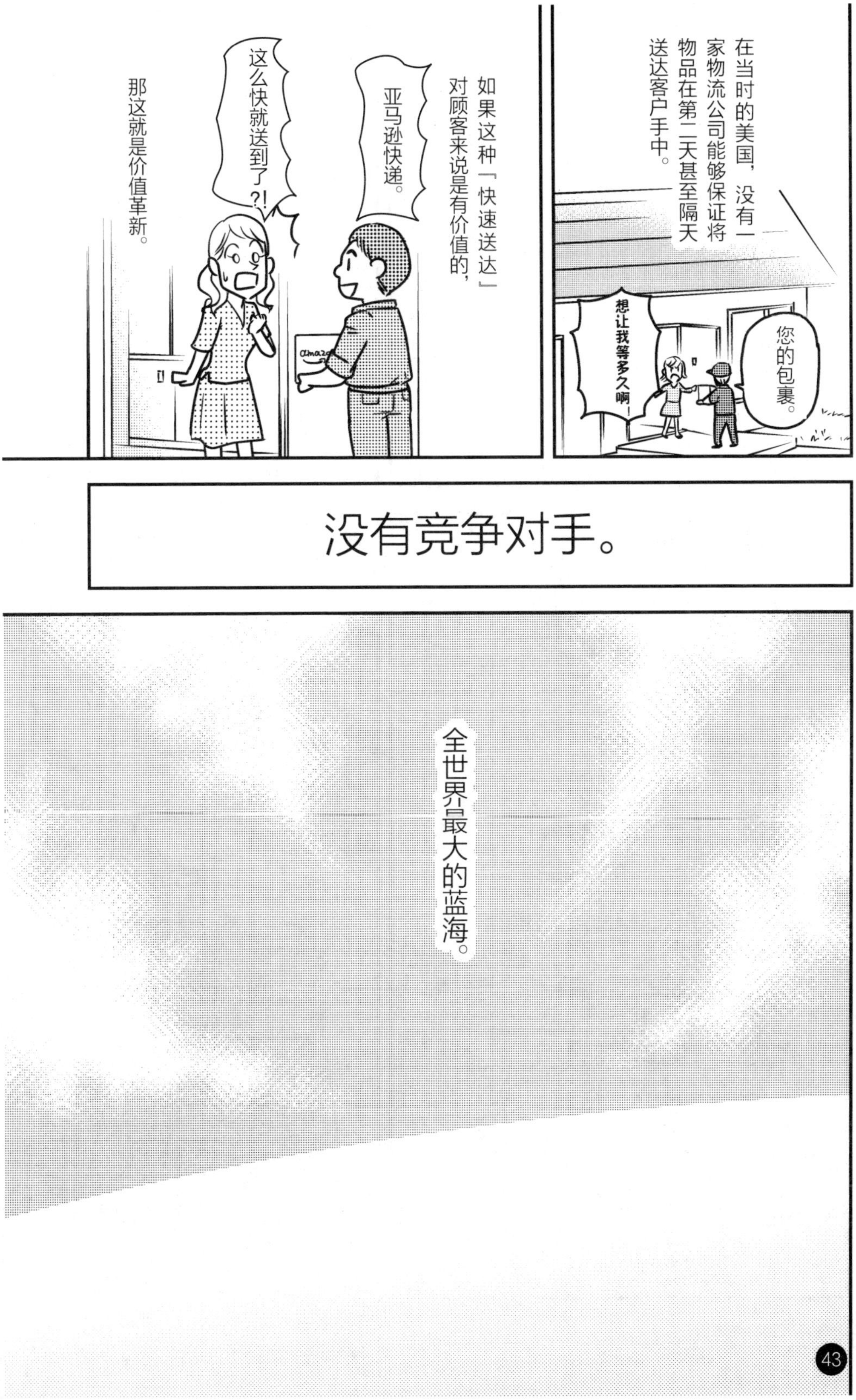
在当时的美国，没有一家物流公司能够保证将物品在第二天甚至隔天送达客户手中。
您的包裹。
想让我等多久啊！
如果这种「快速送达」对顾客来说是有价值的，
亚马逊快递。
这么快就送到了?!
那这就是价值革新。
没有竞争对手。
全世界最大的蓝海。

亚马逊拥有比实体店铺多几倍甚至几十倍的「商品种类」，还有非常准确的「商品推荐」。
并且凭借「快速送达」吸引了全美国3亿的消费者。
这一切都是贝佐斯通过庞大的IT与物流投资构筑起来的能力实现的。
2003年，亚马逊的收益终于消灭了赤字，再次走上成长的轨道。
2014年亚马逊终于打败了实体书店中的No.1——巴诺书店。
2015年亚马逊的年销售额接近1070亿美元。
亚马逊
No.1
书店
巴诺书店
已经过了20年吗……
这是为了保持独一无二地位的战斗。
扩充商品种类
本
促进书籍电子化以及云平台服务
Kindle
CLOUD
为了实现这一点还要在物流和IT方面进行巨额的投资……
亚马逊

这还不是终点。
在电子商务市场中只有No.1才能够生存下来。
今后也必须保持变化和扩大。

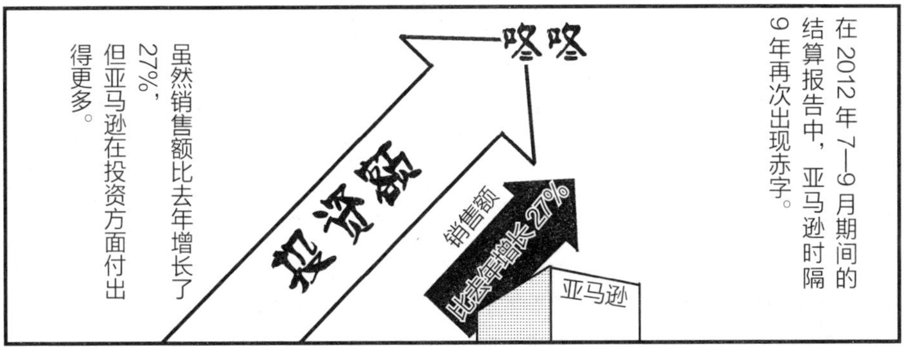
在2012年7—9月期间的结算报告中，亚马逊时隔9年再次出现赤字。
咚咚
投资额
销售额
比去年增长27%
亚马逊
虽然销售额比去年增长了27%，但亚马逊在投资方面付出得更多。

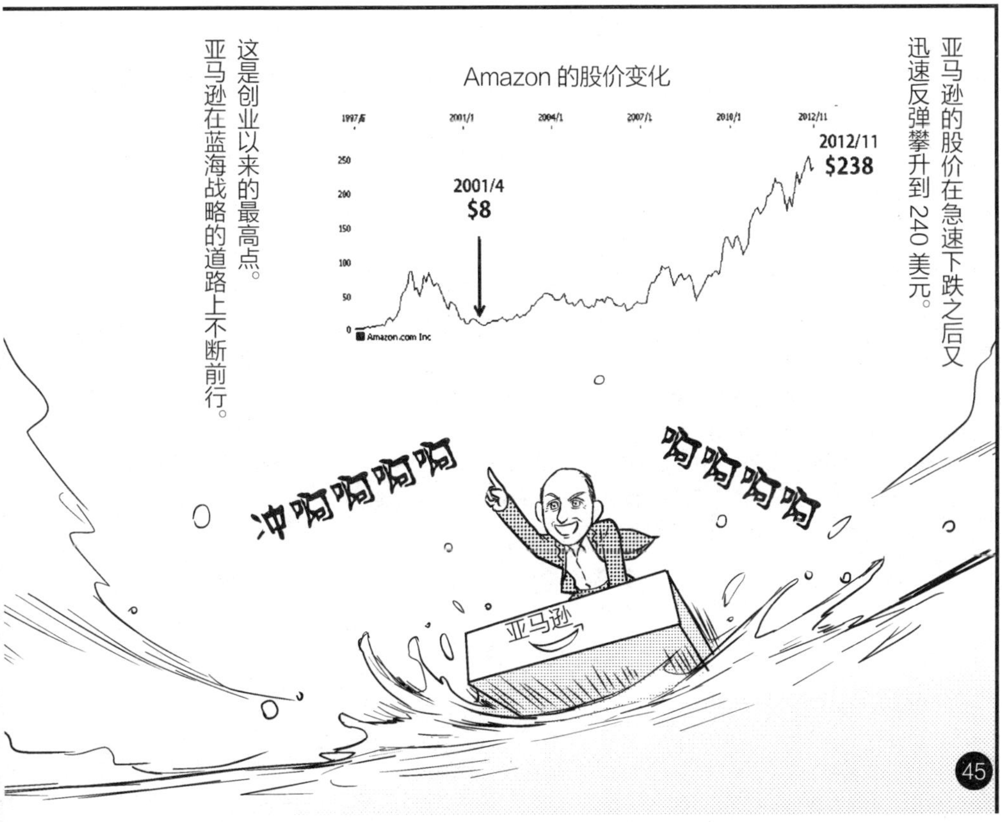
亚马逊的股价在急速下跌之后又迅速反弹攀升到240美元。
Amazon 的股价变化
2001/1
2004/1
2007/1
2010/1
2012/11
250
200
150
100
50
0
2001/4
$8
2012/11
$238
Amazon.com Inc
这是创业以来的最高点。
亚马逊在蓝海战略的道路上不断前行。
冲啊啊啊啊
啊啊啊啊
亚马逊

亚马逊利用新能力实现新定位

001

神速创业，（比较）缓慢成长的亚马逊

- 亚马逊的创业者杰夫·贝佐斯（Jeffrey Preston Bezos 1964—）以迅雷不及掩耳之势进军了互联网商业。
- 1994 年春，贝佐斯发现互联网虽然刚刚诞生不久，但利用率却以惊人的速度增长。与上一年度相比本年度互联网的利用率提高了 23 倍！于是他开始思考“互联网除了交流之外还有没有其他的作用”，并且决定利用互联网来“卖书”。
- 同年夏天，他放弃了对冲基金副总裁的高薪，与妻子一起离开了纽约。他先搭乘飞机抵达德克萨斯，然后驾驶着继父的二手雪佛兰前往位于西海岸的西雅图。在他抵达西雅图的当天就确定了住所，并且购买了三台工作终端，立即着手开展他的商业计划。贝佐斯的速度正是他的制胜法宝。在急速进化的互联网时代，特别是电子商务领域，谁能够更快领悟规则，谁就能够对其灵活地加以利用。
- 但是，在美国网络泡沫最鼎盛的 1999—2001 年，亚马逊的成长速度却非常缓慢（与其他公司相比）。

002

贝佐斯的绝对能力——持续不断地对“物流中心”的巨额投资

- 2000 年，一直以来以 2 倍的速度增长的销售额在当年却只比前一年度增长了 68%，该年度最终的亏损终于突破了 1000 亿日元。但这一切都在贝佐斯的意料之中。
- 亚马逊在全美国拥有 8 家物流中心，其中 6 个都是当年开工建设的。每个物流中心的建设费用大约 5000 万美元。物流中心的占地面积从 3 万平方米增加到 50 万平方米，为了维持运营，亚马逊的员工一下子扩充到了接近 8000 人，这遭到了投资者们的非难。
- “立即停止对物流中心的投资”“我们应该投资网络商业”“我们不是物流企业”“我们需要更多的成长”。
- 2000 年 4 月互联网泡沫崩溃，亚马逊的股价持续下跌，到 2001 年 4 月跌至 8 美元，是其巅峰时期的十四分之一。但贝佐斯仍然毫不在意。独有的物流中心使亚马逊拥有压倒性的“持续的竞争力”。在当时的美国，没有一家物流公司能够保证将物品在第二天甚至隔天送达客户手中。但是如果这种“快速送达”对顾客来说是有价值的，那这就是价值革新。在这一点上，亚马逊没有竞争对手。亚马逊拥有比实体店铺多几倍甚至几十倍的“商品种类”，还有非常准确的“商品推荐”，并且凭借“快速送达”吸引了全美国 3 亿的消费者。这一切都是贝佐斯通过庞大的 IT 与物流投资构筑起来的能力实现的。
- 2015 年亚马逊的年度销售额接近 1070 亿美元，商品种类也在不断增多，与此同时亚马逊还在促进书籍电子化以及云平台服务，而为了实现这一点还要在物流和 IT 方面进行巨额的投资。这条路上，贝佐斯还在永不停歇地奔跑着。

Chapter 1

Chapter 2

Chapter 3

Chapter 4

第二章

21世纪的经营环境与战略诸论

熊彼特与克里斯坦森 2001

克里斯坦森发现的窘境

克里斯坦森

每周日我必须去教会，所以我不工作。每周六是我和家人的时间，所以我也不工作。我发誓要决定自己人生中的优先顺序，所以我在波士顿咨询公司工作的几年间，以及随后的几十年间，我都没有打破过这一誓言。

克里斯坦森

但企业却不能这样做。一旦决定了目标顾客群体就一直追逐不放的话必将导致失败。因为基于其他顾客群体的其他的技术和服务会将你的市场彻底颠覆。

克里斯坦森

没错。凭借 50cc 的“超级幼兽”大获成功的本田，就将执着于大型摩托车（及其引以为傲的客户群体）的哈雷逼入破产的边缘……

克里斯坦森

现有的顾客群体越是忠诚，在行业中越是处于领先地位，越难以从这种陷阱之中挣脱出来。这就是我发现的《革新者的窘境》(1997)。

用革新将经济与企业家连接起来的天才约瑟夫·熊彼特

熊彼特

我是为了躲避纳粹政权而从德国前往美国的几万名“知识移民（intellectual migration）”之中的一员。我在哈佛大学任教期间，培养出了加尔布雷斯（以《不确定的时代》闻名，参考 56 页）等众多优秀的学生，最终成为美国经济学会的会长。

熊彼特

但是，我提出的经济理论“革新理论”最终却并没有成为主流。我在20世纪初期（《经济发展理论》1912）就提出“经济发展的原动力就是革新”“促成革新的主体正是‘企业家’”，但因为没能将这一理论公式化，所以并没有被重视“公式”的经济学世界所接受。

熊彼特

不过，到了21世纪，大家都开始重视“革新论”。我去书店看了看，与革新相关的书有几十本之多，真是让我大吃一惊。

IT与德鲁克将革新导入经营学之中

克里斯坦森

熊彼特老师，您好。我是克里斯坦森。我也在哈佛商学院教授革新论。

熊彼特

克里斯坦森，你好。你并不属于经济学部，而是商学院的教授吧。

克里斯坦森

是的。革新论现在不属于经济学，而是我们经营学世界的最重要的课题。

熊彼特

这可真令人意外呢。因为提出“革新实现景气循环”的人正是我。这是怎么与企业经营和战略联系起来的呢?

克里斯坦森

原因之一是以IT为中心的技术革新。熊彼特先生去世之后又过了30年，在20世纪80年代大家终于发觉到这一点。每当产业界出现巨大的革新时，参与者都会迅速更迭，而且这个频率也越来越高。

熊彼特

哦哦，这正是我提出的“负责人变更”吧!

克里斯坦森

还有一个原因是彼得·德鲁克的著作。他从20世纪70年代开始就一直宣传“技术革新”以及其中的“管理人员的职责”。他的集大成之作《创新与企业家精神》(1985)也促成了这一热潮。

希望因何被铭记

熊彼特

他的父亲，阿道夫·德鲁克是我在维也纳大学就读时的老师。彼得也成为一个优秀的人呢。

克里斯坦森

在他去世的前几天，您还和他见过面吧？还记得那时候说了什么吗？

熊彼特

当然。阿道夫问我“你希望自己因何被后世所铭记”。我的回答是，“希望被作为一名将尽可能多的优秀学生培养成为一流经济学者的教师被铭记”，“如果不能够改变别人，那就什么也无法改变”。

克里斯坦森

我也这样认为。不过如果是在我三十多岁的时候，恐怕回答的是“与欧洲第一的美女相恋，成为欧洲第一的马术家，以及作为世界第一的经济学家被人铭记”吧(笑)。

熊彼特

还是别说了。不过我很好奇，你的这些愿望都实现了吗(笑)?

21 世纪是“不稳定”与“不确定”的时代

约翰 · 加尔布雷斯

· 26 岁在加利福尼亚大学伯克利分校取得经济学博士学位，然后进入哈佛大学任教。

· 第二次世界大战时期在物价局工作，成功抑制了通货膨胀。

· 50 岁提议对高速公路和教育进行投资，其所著《富裕社会》成为畅销书。

· 69 岁，《不确定的时代》在 BBC 放映。M. 弗里德曼则制作了《自由选择》。

创造了「富裕阶层」的20世纪结束了。
进入21世纪的世界可以说正位于「动荡」的中心。
动荡的剧烈程度相当于安索夫提出的第五阶段的「突发型」，
甚至是「破坏型」。
暴风骤雨
好不容易建立起来的优势难以持续。
很多明星企业和「老炮」企业在进入21世纪之后都出现了问题，甚至遭到吞并。
仅在美国就有这些企业出现了问题（括号内为出现问题的年份）。
零售行业
Kmart（2002）
西尔斯百货（2005年与Kmart合并）
金融行业
雷曼兄弟（2008）
美林证券（2008年被美国银行收购）
AIG（2008年被收归国有）
汽车行业
克莱斯勒（2009年被菲亚特收购）
GM（2009年接受美国政府的救济）
航空行业
美国环球航空公司（2001）
美国联合航空公司（2002）
达美航空公司（2005）
美国航空公司（2011）
高科技行业
世通（2002）
康柏（2002年被HP吞并）
朗讯科技（2006年被法国阿尔卡特吞并）
摩托罗拉（2007年事业解散，移动电话部门被谷歌收购）
很多公司都因为无法重建而被吞并甚至破产，名字从历史的舞台上消失。
狂风肆虐

世界范围内的所有企业都在不断地经受着政治与金融的惊涛骇浪。
美国发生恐怖袭击事件（2001）
第三次石油危机（2004—2008）
雷曼危机【世界性金融危机】（2008—）
欧洲债务（欧元）危机（2009年末）
承载着人们的梦想和希望的21世纪一点也不安稳。
微观经济学的小巨人米尔顿·弗里德曼。
他在2001年欧元正式导入的时候就已经预言到了这场危机。
米尔顿·弗里德曼
Milton Friedman
（1912—2006）
货币一体化与固定汇率制一样！
咚
这会导致信用较弱的国家可以随意地使用金钱。
而不同国家的财政方针也各不相同，资本与人员无法自由流动，这不利于自然的调整！
导入欧元的政府之间必将出现争执！
M.弗里德曼89岁的慧眼。
咚

请等一下！
世间舆论
反对
嗯？
雷曼危机引发的世界金融危机，
愤怒
不正是因为你所主张的「自由主义」所导致的吗？
什么
你过去曾经这样说过……
除了禁止诈骗与欺瞒等最低限度的规制之外，
应该排除一切其他规制，任由经济自然发展。
自由主义
弗里德曼的一贯主张
当经济不景气时，政府出面增加公共事业或者暂时降低税金，
只不过是临时运用储蓄资本之后又重新购回而已。
这种行为本身才可能导致毫无意义的混乱。
这是理所当然的。
你还在坚持「基于规则的自由主义经济」吗？
指责
呃……
不，请听我说

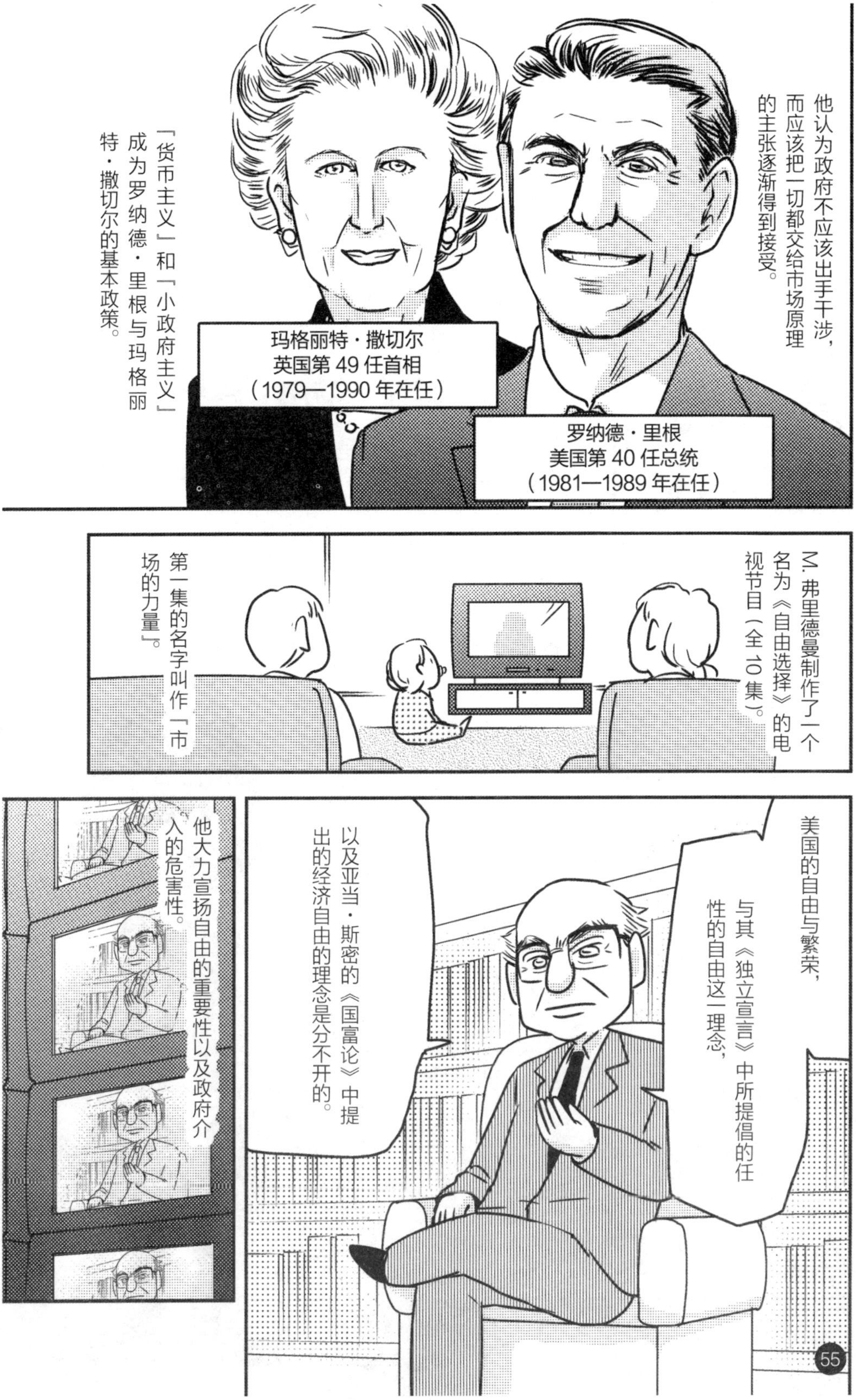
他认为政府不应该出手干涉，而应该把一切都交给市场原理的主张逐渐得到接受。
玛格丽特·撒切尔
英国第 49 任首相
（1979—1990 年在任）
罗纳德·里根
美国第 40 任总统
（1981—1989 年在任）
「货币主义」和「小政府主义」成为罗纳德·里根与玛格丽特·撒切尔的基本政策。
M. 弗里德曼制作了一个名为《自由选择》（全 10 集）的电视节目。
第一集的名字叫作「市场的力量」。
美国的自由与繁荣，
与其《独立宣言》中所提倡的任性的自由这一理念，
以及亚当·斯密的《国富论》中提出的经济自由的理念是分不开的。
他大力宣扬自由的重要性以及政府介入的危害性。

但他的自由主义后来导致金融机构（经营者）无自觉（或者有意而为）的隐瞒风险。
冲啊冲啊！
赚钱！赚更多的钱！
自由主义
因为自由主义成为由雷曼危机引发全世界金融危机的主要原因，因此遭到了非常严厉的批判。
「市场」的失败……
跌落
啊啊啊啊啊啊啊啊
救命啊！
自由主义
与M.弗里德曼同时期，还有另外一位「经济学的巨人」。
他就是身高超过2米的约翰·肯尼斯·加尔布雷斯。
约翰·肯尼斯·加尔布雷斯
John Kenneth Galbraith
（1908—2006）
哦哦！
好高大！
在哈佛大学执教41年的加尔布雷斯。
这很重要。
咚咚
与其说他是研究者，不如说是著作家或者意见领袖。
1977年在全世界都受到石油危机的影响时……
危机!!
oil

他在BBC制作了一个名叫《不确定的时代》（全13集）的电视节目。
如今世界上现有的常识正在崩溃……
怎么只能看到脚啊？
这个节目涉及全世界19个国家和地区，花费了3年的时间才制作完成，同名出版的书在全世界范围内都成为畅销书，就连「不确定的时代」都成为当时的流行语。
JOHN KENNETH
Galbraith
The Age of
Uncertainty
情报永远是不完善的。
在完全无法预测未来的情况下，人们往往将希望寄托于「期待」之上。
不景气时期的公共投资以及对金融的管制，
都是为了给人们创造一个健全的「期待」所必不可少的措施。
「小政府主义」是绝对不行的。
你在说什么？
这是谁提出的观点？

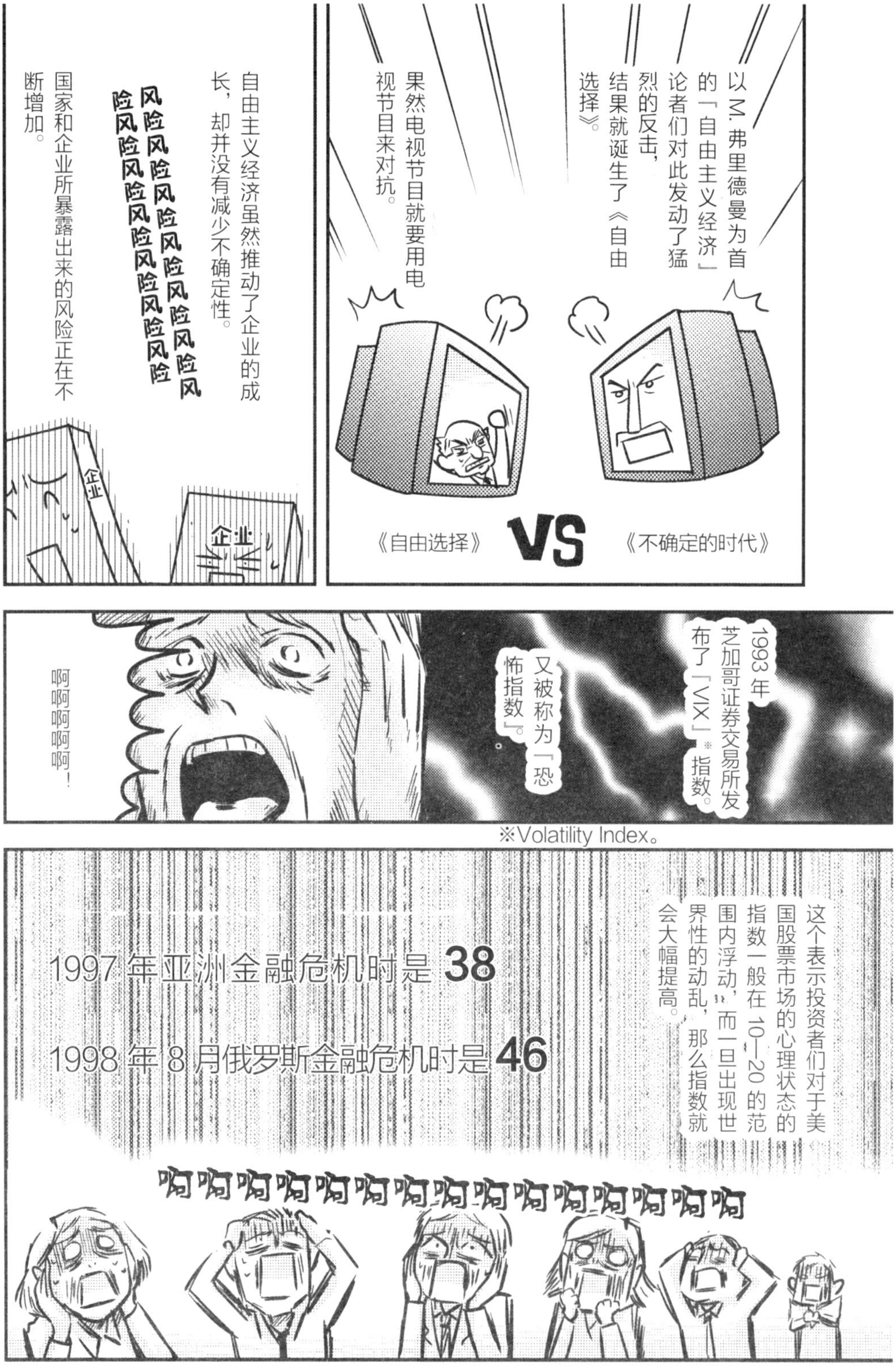
以M. 弗里德曼为首的「自由主义经济」论者们对此发动了猛烈的反击，结果就诞生了《自由选择》。
果然电视节目就要用电视节目来对抗。
《不确定的时代》
VS
《自由选择》
自由主义经济虽然推动了企业的成长，却并没有减少不确定性。
风险风险风险风险风险风险风险风险风险风险风险风险风险
国家和企业所暴露出来的风险正在不断增加。
企业
企业
1993年芝加哥证券交易所发布了「VIX」※指数。
又被称为「恐怖指数」。
啊啊啊啊啊！
※Volatility Index。
这个表示投资者们对于美国股票市场的心理状态的指数一般在10—20的范围内浮动，而一旦出现世界性的动乱，那么指数就会大幅提高。
1997年亚洲金融危机时是38
1998年8月俄罗斯金融危机时是46
啊啊啊啊啊啊啊啊啊啊啊啊啊啊啊

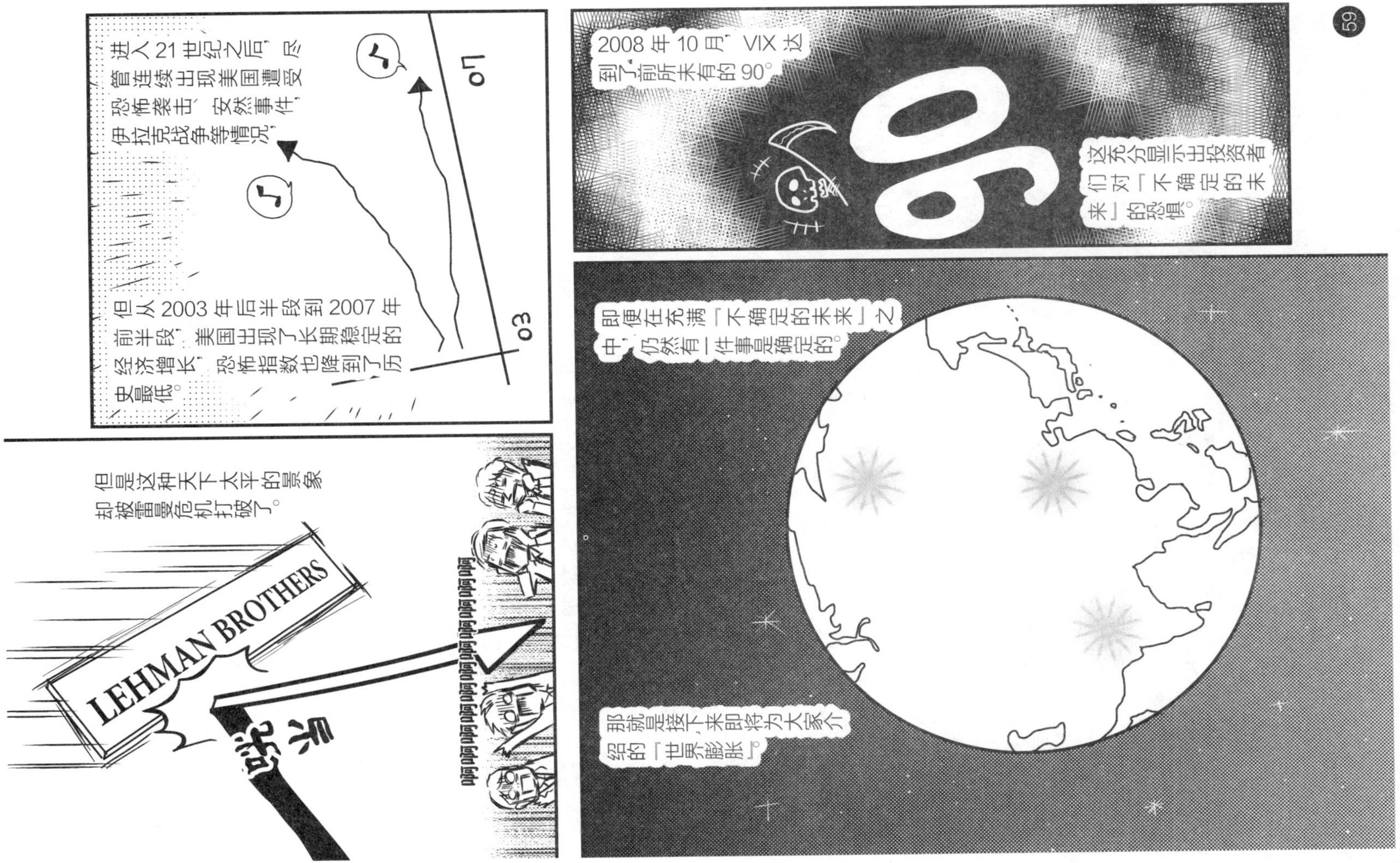
进入21世纪之后，尽管连续出现美国遭受恐怖袭击、安然事件、伊拉克战争等情况，
但从2003年后半段到2007年前半段，美国出现了长期稳定的经济增长，恐怖指数也降到了历史最低。
03
07
但是这种天下太平的景象却被雷曼危机打破了。
LEHMAN BROTHERS
哐当
啊啊啊啊啊啊啊啊啊啊啊
2008年10月，VIX达到了前所未有的90。
90
这充分显示出投资者们对「不确定的未来」的恐惧。
即便在充满「不确定的未来」之中，仍然有一件事是确定的。
那就是接下来即将为大家介绍的「世界膨胀」。

世界的“不稳定化”与“不确定性”

001

21 世纪是大企业不断消失的时代

- 创造了“富裕阶层”的 20 世纪结束后，进入 21 世纪的十几年来，世界可以说正位于“动荡”的中心。动荡的剧烈程度相当于安索夫提出的第五阶段的“突发型”，甚至是“破坏型”。在世界努力寻求稳定和成长的时候，政治与金融的惊涛海浪却连续不断地向企业袭来。美国恐怖袭击事件（2001），第三次石油危机（2004—2008），雷曼危机（世界金融危机）（2008—），以及欧洲债务（欧元）危机（2009 年末—）。好不容易创建起来的优势性无法持续，许多明星企业和老牌企业都出现了问题，甚至遭到吞并。
- M. 弗里德曼的“自由主义”引发了雷曼危机?
- 微观经济学的小巨人米尔顿·弗里德曼（Milton Friedman 1912—2006）在 2001 年欧元被正式导入的时候就已经预言到了这次危机。
- 但与此同时，雷曼危机引发的世界金融危机，也被认为是由他们一派所推崇的“自由主义”所导致的。弗里德曼认为除了禁止诈骗与欺瞒等最低限度的规制之外，应该排除一切的其他规制，任由经济自然发展。他在 1980 年制作了一个名为《自由选择》的电视节目（全 10 集）。第一集的名字叫作“市场的力量”。他借用“独立宣言”和亚当·斯密的名义，大力宣扬自由的重要性以及政府介入的危害性。
- 但他的自由主义后来导致金融机构（经营者）无自觉（或者有意而为）的隐瞒风险，并且因为成为由雷曼危机引发全世界金融危机的主要原因，而遭到了非常严厉的批判。这是自由“市场”的失败。

002

加尔布雷斯《不确定的时代》是现代世界的象征

- 另一位“经济学的巨人”约翰·肯尼斯·加尔布雷斯（John Kenneth Galbraith 1908—2006），与其说是研究者，不如说是著作家或者意见领袖。在全世界都受到石油危机影响的 1977 年，他和 BBC 电视台合作制作了名为《不确定的时代》（全 13 集）的电视节目。这部耗时 3 年才制作完成的作品，对过去进行了大范围的回顾，分析有哪些现有的常识正在逐渐崩溃，是一部非常了不起的作品。出版的同名书籍也在全世界范围内成为畅销书，甚至就连“不确定的时代”都成了当时的流行语。
- 加尔布雷斯认为，在完全无法预测未来的情况下，人们往往将希望寄托于“期待”之上，从这个意义上来说，不景气时期的公共投资以及对金融的管制，都是为了给人们创造一个健全的“期待”所必不可少的措施。
- 加尔布雷斯的理论遭到以 M. 弗里德曼为首的“自由主义经济”论者们的强力反驳，结果就是他们也制作了一个电视节目叫作《自由选择》。果然电视节目就要用电视节目来对抗。自由主义经济虽然推动了企业的成长，却并没有减少不确定性。国家和企业所暴露出来的风险正在不断增加。用来表示投资者们心理状态的“VIX（Volatility Index）”指数在雷曼危机爆发的 2008 年 10 月达到了前所未有的 90，这充分显示出人们对“不确定的未来”的恐惧。
- 即便在充满“不确定”的未来之中，仍然有一件事是确定的。那就是接下来即将为大家介绍的“世界膨胀”。

世界正在“急速膨胀”与“复杂化”

托马斯·弗里德曼

· 25 岁在牛津大学取得中东学学士学位，然后成为一名记者。

· 30 岁获得普利策新闻奖（后来又获得两次该奖项）。

· 47 岁在《凌志车与橄榄树：理解全球化》中提出了麦当劳理论（防止纷争的黄金 M 型标志理论）。

· 52 岁在《世界是平的》中提出“世界正被抹平”，但却遭到抨击。

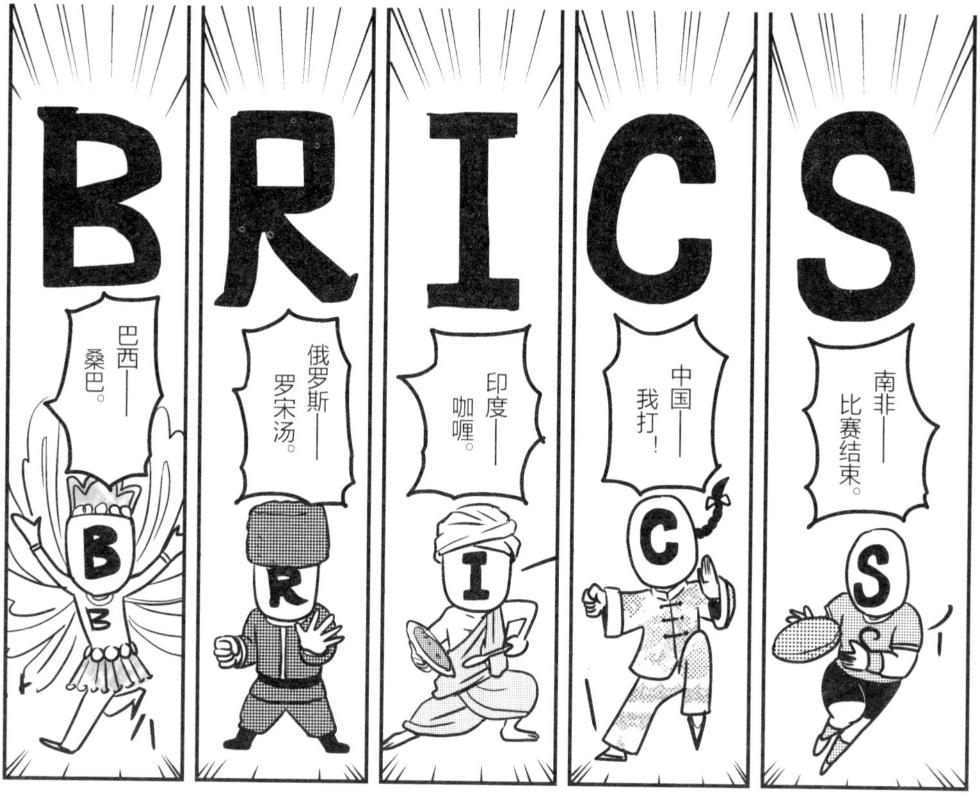

※ 最初只有 4 个国家 BRICs，后来南非加入后变成了 BRICS。

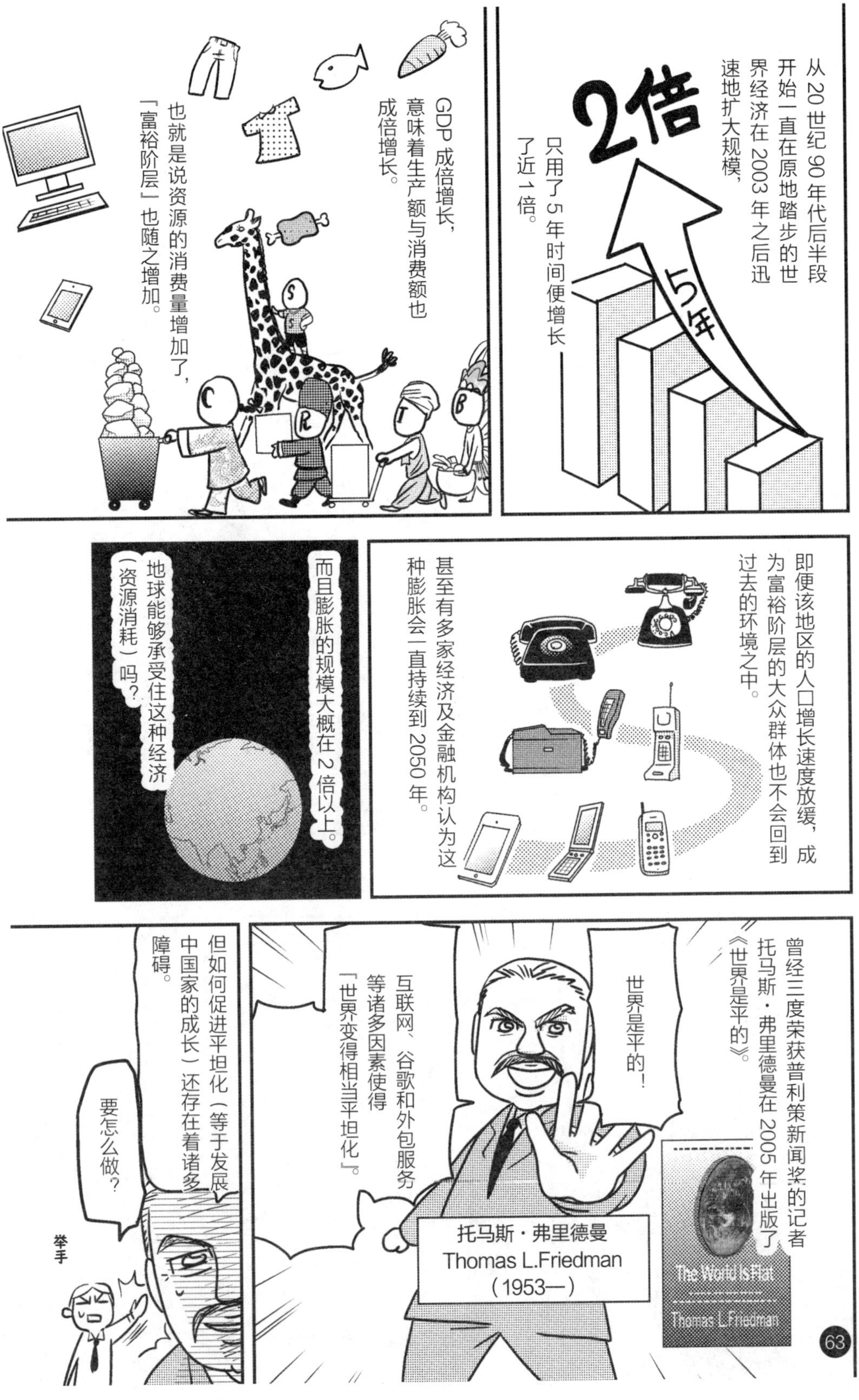

从20世纪90年代后半段开始一直在原地踏步的世界经济在2003年之后迅速地扩大规模，
2倍
5年
只用了5年时间便增长了近1倍。
GDP成倍增长，意味着生产额与消费额也成倍增长。
也就是说资源的消费量增加了，「富裕阶层」也随之增加。
即便该地区的人口增长速度放缓，成为富裕阶层的大众群体也不会回到过去的环境之中。
甚至有多家经济及金融机构认为这种膨胀会一直持续到2050年。
而且膨胀的规模大概在2倍以上。
地球能够承受住这种经济（资源消耗）吗？
曾经三度荣获普利策新闻奖的记者托马斯·弗里德曼在2005年出版了《世界是平的》。
世界是平的！
互联网、谷歌和外包服务等诸多因素使得「世界变得相当平坦化」。
托马斯·弗里德曼
Thomas L.Friedman
（1953—）
The World Is Flat
Thomas L.Friedman
但如何促进平坦化（等于发展中国家的成长）还存在着诸多障碍。
要怎么做？
举手

麦当劳流行的国家之间很少有纷争。
因为随着中产阶级的成长，他们更追求和谐而非纷争。
（防止纷争的黄金M型标志理论）
拥有戴尔电脑和汽车等全球化供应链的国家之间，
会为了利益因素而避免纷争。
A国
B国
C国
D国
（戴尔纷争回避理论）
但他的这种毫无根据的『理论』很快就遭到了反驳。
你在说什么啊？
真受不了！
和平
有麦当劳的国家才会互相竞争。
这反而会扩大非洲和中南美洲国家与发达国家之间的差距。
你只去过新兴国家的富裕城市吧？
反驳接踵而来……
算了算了。

以《创意阶层的崛起》（2005）闻名于世的社会学家理查德·佛罗里达。
理查德·佛罗里达
Richard L. Florida
（1957—）
不能从国家的角度，要以城市为单位才能够看清真正的情况。
如今……以及今后的产业的中心，是从事创造性工作的创意阶层。
通过IT化的不断发展，平面化的只有创意阶层聚集的发达城市。
城市限定!!
其他城市只会被拉开差距，如果以城市为单位看这个世界，那么这个世界根本不是平的，反而非常参差不齐。
城市A
城市B
这不可能！
可恶
佛罗里达对T.弗里德曼的理论提出了强烈的怀疑。
投球
怀
疑
哎呀！

31岁就成为哈佛商学院史上最年轻正教授的潘卡基·格玛沃特。
就算从国家的角度上来看，世界也不是平的。
潘卡基·格玛沃特
Pankaj Ghemawat
（1959—）
又是反驳吗？
什么?!
你比我年纪小吧！
格玛沃特在『为什么世界不是平的』的文章中指出，
请看这个……
什么?!
国家与地区之间存在着文化、行政、地理、经济等差距，因此人员、物资、金钱以及情报都只能在区域内流动。
企业应该做的是思考如何应对这些差异，并且如何从中谋利。
你比我年纪小吧？
但沃尔玛在开拓海外市场的时候却沿用了在美国的方针与政策。
由于海外市场与美国存在着非常巨大的差异，因此沃尔玛在许多国家都遭遇了失败。
我明明都说得很清楚了。
微笑
空无一人
真可怕！

世界经济正在不断扩大，再也不可能回到21世纪初的状态。
随着世界的不断扩大，差距也越来越明显。
企业面临的战场变得更加广阔和复杂。
由此可见，21世纪的环境变化将是「不确定性」「膨胀」以及「复杂化」。
而最后的结果则是「打破分界线」。

世界的急速膨胀:“新兴国家的崛起”与“复杂化”

001

BRICS：世界的急剧膨胀开始了！

- 2001 年末，高盛集团的经济学家吉姆·奥尼尔在面向投资者们的报告中第一次使用了“BRICS”这个名字。他用经济发展显著的巴西、俄罗斯、印度、中国等新兴国家的首字母来进行命名。后来又加上南非共和国，变成了 BRICS。
- 从 20 世纪 90 年代后半段开始一直在原地踏步的世界经济在 2003 年之后迅速地扩大规模，只用了 5 年的时间其规模就增长了近一倍。到 2014 年更增长到了 108 兆美元！
- 这催生出新的“富裕阶层”，而成为富裕阶层的大众群体也不会回到过去的环境之中。地球能够承受住到 2050 年将会进一步翻倍的经济（资源消费）吗？

002

世界是平的吗?

- 三次荣获普利策新闻奖的记者托马斯·弗里德曼（Thomas L.Friedman1953—）在 2005 年出版了《世界是平的》。他认为由于互联网、谷歌和外包服务等诸多因素使得“世界变得相当平坦化”。但是 T. 弗里德曼提出的“麦当劳流行的国家之间很少有纷争，因为随着中产阶级的成长，他们更追求和谐而非纷争（防止纷争的黄金 M 型标志理论）”以及“拥有戴尔电脑和汽车等全球化供应链的国家之间会为了利益因素而避免纷争（戴尔纷争回避理论）”等没有依据的“理论”却遭到了猛烈的抨击。“T. 弗里德曼只去过新兴国家的富裕城市吧”等反驳接踵而来。

003

世界不是平的！而且更加复杂化

- 以《创意阶层的崛起》（2005）闻名于世的社会学家理查德·佛罗里达（Richard L.Florida 1957—）认为不能从国家的角度，要以城市为单位才能够看清真正的情况。佛罗里达认为，如今以及今后的产业的中心，是从事创造性工作的创意阶层，随着 IT 化的不断发展，平面化的只有创意阶层聚集的发达城市，而其他城市只会被拉开距离，如果以城市为单位看这个世界，那么这个世界根本不是平的，反而非常参差不齐。
- 31 岁就成为哈佛商学院史上最年轻正教授的潘卡基·格玛沃特（Pankaj Ghemawat 1959—）认为就算从国家的角度上来看，世界也不是平的。因为“沃尔玛在开拓海外市场的时候沿用了在美国的方针与政策，由于海外市场与美国存在着非常巨大的差异，因此沃尔玛在许多国家※都遭遇了失败”。
- 世界经济的膨胀不是平滑的，而是在参差不齐中不断扩大的。企业面临的战场变得更加广阔和复杂，由此可见，21 世纪的环境变化将是“不确定性”“膨胀”以及“复杂化”。而最后的结果则是“打破分界线”。

※ 2006 年退出韩国与德国。

01 Porter
02 Mintzberg
03 Kaplan-Norton
04 Kim-Mauborgne
05 Bezos
06 Galbraith
07 T. Friedman

08 Accenture
09 Kopp
10 Christensen
11 Govindarajan
12 Evans
13 Gratton
14 Yunus
15 Watts
16 Schmidt-Page
17 Brown
18 Blank-Ries
19 Reeves

所有的“分界线”都在崩溃、融合、重组

埃森哲

· 1989 年从安达信分离出来成为分公司。

· 2001 年作为埃森哲独立。

· 2014 年销售额达到 300 亿美元，利润 43 亿美元，员工约 34 万人。在全球 500 强企业中有四分之三都是埃森哲的客户，成为全世界规模最大的管理顾问公司。

法约尔在20世纪初期就为企业划分了各种功能（企业活动）。
亨利·法约尔
Henri Fayol
（1841—1925）
麦肯锡的商业系统（1980）将这些功能看作是成本的阶段。
Mckinsey&Company
波特则将其「命名」为价值链（1985）。
迈克尔·波特
Michael Porter
（1947—）
这一概念逐渐流传开来，到了20世纪末已经超出了企业的层级发展成为产业价值链的概念。
跨越企业的价值链的再构筑就是IPR！
IPR（Industry process reengineering）
解构（Deconstruction）
BCG
不不不，应该叫解构。
什么，你别捣乱！
还是解构听起来更好吧。
IPR
解构
BCG
特别是在媒体行业，播放与通信的界限被打破，电子公司开始收购传播公司。
IPR！
解构！
BCG
「产业」与「业界」的区分变得毫无意义。
也就是说业界会聚与融合的时代开始了。
播放
通信
广告
金融
咚
咚
会聚

企业间的融合也在不断发生。
IT的发展使得「融合」的成本急剧下降。
IT
即便相隔千里，只要使用网络就可以实现一体化的作业以及管理。
在此之前无法委托给他人的功能，都可以通过外包来完成，从而实现了一个巨大的产业。
拜托你了。
没问题！
还有这个。
咚
就连竞争对手也通过部分合作来使用业界共通的系统。
产业价值链的重组（例）
A公司 原料 企划 生产 销售 原料 企划 生产 销售
B公司 原料 企划 生产 销售 原料 企划 销售
让我们部分合作吧。
非常愿意。
「五力分析」的分析对象虽然是产业以及业界，
产业
竞争对手
业界
但产业、业绩以及竞争对手之间的界限也开始变得模糊不清。
波特是站在构造主义经济学的角度看战略。
中心是产业还是企业，构造上的差异决定了竞争的优势。
五力分析
潜在的进入者 Entrant
①
供应商 Supplier
⑤
竞争对手 Competitor
②
④
购买商 Buyer
③
替代产品 Substitution
波士顿咨询公司
菲利普·埃文斯
另一方面能力论则认为这是由企业能力决定的。
然而如今产业、企业以及企业能力之间的界限也变得模糊不清。
骨碌骨碌骨碌
走你
甚至分不清谁是生产者、谁是消费者。

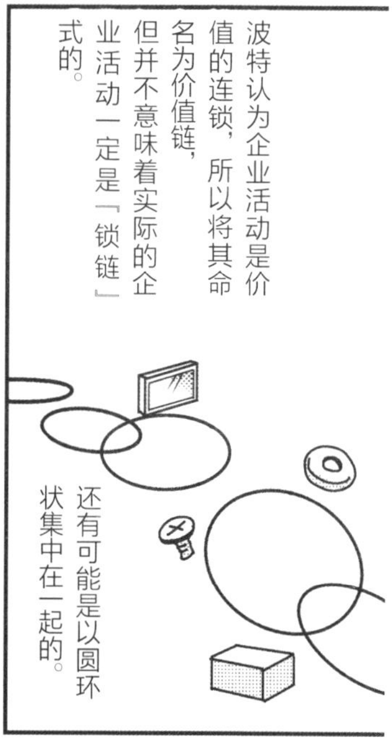

1983年博思艾伦咨询公司首次使用了「供应链管理（SCM）」这个概念。

SCM

（Supply Chain Management）

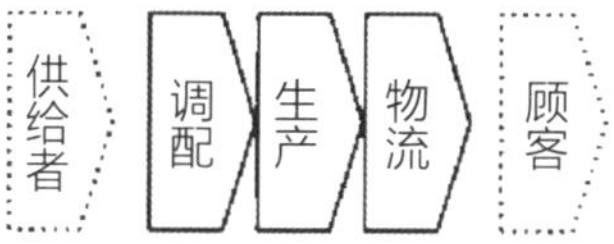

例：只拥有零件库存的BTO（Build-To-Order）/按下游工程需求进行生产的看板方式。

生产、调配和物流如果单独进行改善都是有极限的，如果问题存在于相互的间隙之中，那就应该将其看作一个整体来进行管理，这一概念受到了广泛的好评。

将同样的概念应用于顾客方的就是「CRM」，对这一概念进行开发与普及的正是像埃森哲这样的综合管理顾问公司。

CRM

（Customer Relationship Management）

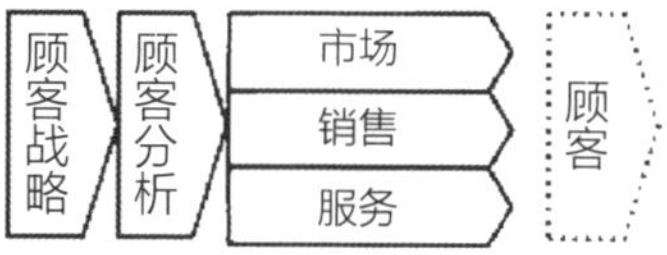

例：通过服务活动开拓的新顾客 / 通过综合顾客数据实现即时对应。

这一概念最初的目的是将顾客情报数据库化用于促销。

我们的目标是关系营销，也就是『长期合作』。
通过对已有客户的跟进来加强联系。
这样可以建立起良好的口碑从而吸引新客户。
这是将销售与营销一体化的手法。
莱昂纳德·贝瑞
Leonard Berry
（1942—）
埃森哲在20世纪90年代末将这一方法提高到了战略的高度。
通过顾客战略可以将一直以来分散的市场销售服务的各个功能进行统一地强化与管理。
埃森哲创建出了一个能够发挥他们综合管理顾问能力的战场。
战略
流程
IT
HRM
将明确的企业功能分解后重新组合，营销与销售之间的界限就变得模糊起来。
流程
IT
战略
HRM
但「答案」不是唯一的。
流程
HRM
IT
即便同为智能手机的操作系统，也有苹果的iOS（特定终端专用）、
以及谷歌的安卓（无偿提供给第三方）等完全对立的选择。
非常不确定而且参差不齐的膨胀的自由时代到来了。
仅供 Apple
iOS
谁都可以使用
Android
au
Android
Google
Android
Galaxy

分界线的崩溃："产业、企业、功能的融合与重组"

001

产业、企业分界线的崩溃与重组

- 法约尔在 20 世纪初期就为企业划分了各种功能（参考确立篇第 34 页）。麦肯锡的商业系统（1980）将这些功能看作是成本的阶段，波特则将其"命名"为价值链（1985）。这一概念逐渐流传开来，到了 20 世纪末已经超出了企业的层级发展成为产业价值链的概念。麦肯锡将跨越企业的价值链的再构筑称为 IPR（Industry process reengineering），而波士顿咨询公司则将其称为解构（Deconstruction）。
- 波士顿咨询公司的埃文斯这样说道，"波特是站在构造主义经济学的角度看战略。中心是产业还是企业，构造上的差异决定了竞争的优势。另一方面能力论则认为这是由企业能力决定的。""然而如今产业、企业以及企业能力之间的界限也变得模糊不清，甚至分不清谁是生产者、谁是消费者。"

002

功能分界线的崩溃：SCM、CRM

- 波特认为企业活动是价值的连锁，所以将其命名为价值链，但并不意味着实际的企业活动一定是"锁链"式的。丰田最早意识到，或许各个活动本身并没有问题，问题在于活动与活动之间的衔接。为了消灭存在于各个活动之间的库存，以及对生产活动进行整体的管理，丰田发了"看板方式"。1983 年博思艾伦咨询公司首次使用了"供应链管理（SCM）"这个概念。生产、调配和物流如果单独进行改善都是有极限的，如果问题存在于相互的间隙之中，那就应该将其看作一个整体来进行管理，这一概念得到了广泛的好评。
- 将同样的概念应用于顾客方的就是"顾客关系管理（CRM）"，而对这一概念进行开发与普及的正是像埃森哲这样的综合管理顾问公司。这一概念最初的目的是将顾客情报数据库化用于促销。埃森哲在 20 世纪 90 年代末将这一方法提高到了战略的高度，通过顾客战略可以将一直以来分散的市场销售服务的各个功能进行统一的强化与管理。埃森哲创建出了一个能够发挥他们综合管理顾问能力的战场。IBM 也趁此机会实现了向服务业的事业转变。

003

在分界线越来越模糊的世界的经营战略

- 将明确的企业功能分解后重新组合，营销与销售之间的界限就变得模糊起来，业界与企业之间的壁垒也即将消失。
- 但"答案"不是唯一的，即便同为智能手机的操作系统，也有苹果的 iOS（特定终端专用），以及谷歌的安卓（无偿提供给第三方）等完全对立的选择。非常不确定而且参差不齐的膨胀的自由时代到来了。

01 Porter
02 Mintzberg
03 Kaplan-Norton
04 Kim-Mauborgne
05 Bezos
06 Galbraith
07 T. Friedman
08 Accenture

09 Kopp
10 Christensen
11 Govindarajan
12 Evans
13 Gratton
14 Yunus
15 Watts
16 Schmidt-Page
17 Brown
18 Blank-Ries
19 Reeves

全世界瞩目的 6 个经营主题

温迪 · 科普

· 22 岁在普林斯顿大学的毕业论文中提出将 Teach For America 事业化。

· 23 岁获得众多支持者成立了 TFA。第一期有 2500 人响应，最终招募了 500 人。

· 47 岁使 TFA 成为“全美国文科学生最想就职的企业排名”第一位。

Thinkers50
「Thinkers 50」是每两年评选一次的管理思想家排行榜。
通过这个排行榜我们可以发现当今世界的商界精英们最关注的主题以及意见领袖。
这些是2009—2015年的综合排名。
《蓝海战略》的金伟灿和莫博涅是唯一连续四次跻身前五名的人。
2009—2015 综合排名
（第一位）《蓝海战略》的金伟灿和莫博涅
（第二位）定位学派的领头人波特
（第三位）《革新者的窘境》的 C. 克里斯坦森
（第五位）《逆向革新》的戈文达拉扬
（第六位）设计思维的马丁
（第七位）《数字经济》的泰普斯科特
（第八位）《愿景型企业》的柯林斯
（第九位）《核心竞争力》的哈默尔
（第十位）《转变》的格拉顿
干得不错！
第一名呢！
为什么我不是第一？
哼哼哼！
破坏破坏破坏！
新中产者阶级的地位提高了。
从主题上来看，现在最受关注的主题是——
「革新」和「领导力」，
以及「学习」。
革新
2011年与2013年度排名第一位的是克莱顿·克里斯坦森，排名第八位的是戈文达拉扬以及金伟灿和莫博涅等。
领导力
吉姆·柯林斯等。
学习
琳达·格拉顿等。
革新
领导力
学习
闪亮登场
哦！大受欢迎！
请给我签名。

接着是下一个时代的会场，
推动这个世界的不只有思想家，
还有在大学之中的学生们。
创业！
啊啊
啊啊
2011年度，每6名从斯坦福大学商学院毕业的学生中就有一名选择创业的道路，创业率高达16%。
我是社长！
创业
自己创立一个公司比较好。
果然今后是「网络」与「社会」的时代。
即便在互联网泡沫最鼎盛的1999年，大学毕业生的创业率也只有12%。
16% > 12%
创业的几乎都是「互联网」商业。
一项针对欧美MBA毕业生的就业调查显示，2012年度最受欢迎的就职公司是谷歌，其他像苹果、Facebook等网络高科技企业都排名前列。
嘿嘿嘿！
谷歌
苹果
可恶！
Facebook
下次我要第一。
但是美国的大学生就职目标排行榜，近几年来开始向「社会」系倾斜。
2012年度：
第二位是联合国；
第三位是NPO Teach For America（TFA）；
第七位是Peace Corps（美国版的青年海外协助队）；
第十位是美国抗癌协会。
联合国
TFA
Peace Corps
美国抗癌协会
咚咚咚咚

排名第三位的TFA是1989年在普林斯顿大学毕业的温迪·科普创业的NPO。
温迪·科普
Wendy Sue Kopp
（1967—）
TFA是我在毕业论文中提出的概念，
但是没有人支持我！
好生气啊！
我给总统写的信也石沉大海！
好了好了。
咚
既然如此我就自己干！
你说真的吗？
什么？！
好了，完成了！
砰
TFA
NPO Teach For America
真的成立了？
没问题吗？
TFA对优秀的大学毕业生进行训练，然后将他们送到『师资力量不足的学校』进行为期两年的义务支教。
一切费用全部通过募捐获得，这种模式大获成功，如今TFA每年都会新增1万多名志愿者。
ABC

最后让我们来看一看日本企业的需求。
出现
咚
根据日本能率协会在 2011 年对日本 510 家主要企业的问卷调查显示，
现在以及将来（2016 年）的经营课题排名前三位的是——
人才强化（采用、培训、多样化）
新产品、新服务以及新事业的开发
全球化（全球经营）
但绝大多数日本企业仍然以国内市场为主。
还是国内好啊。
是啊。
总之先观望一下吧。
日本
世界
喂，这边啊！
看看
国内零售行业龙头企业永旺，2014 年度：海外销售比率 5%；销售利率 4%。
另一方面，德国的麦德龙是六七成，法国的家乐福则是五成。
就连进军海外市场受挫的沃尔玛现在也有两三成的海外收益。
海外销售比率
麦德龙
家乐福
对于大型企业来说，追求成长机会与竞争力的全球化道路是绝对不能回避的。
只有全球化，
才能够给日本带来希望。

全世界瞩目的 6 个主题

001 Thinkers 50 揭示的当今的经营主题

- “Thinkers 50”是每两年评选一次的管理思想家排行榜。通过这个排行榜我们可以发现当今世界的商界精英们最关注的主题以及意见领袖。目前最新的是 2015 年版，而从 2009 年开始，《蓝海战略》的金伟灿和莫博涅是唯一连续四次跻身前五名的人（前四次的平均排名第一位）。其次是定位学派的领头人波特（第二位），革新理论的克莱顿・克里斯坦森（第三位），戈文达拉扬（第五位），愿景型企业的柯林斯（第八位），核心竞争力的哈默尔（第九位）。
- 上榜的人凭借的都是自身的不懈努力。但从排名前列的这些人所研究的主题来看，近年来最受人们关注的主题分别是“革新”、“领导力”和“学习”。

002 学生们选择“网络”和“社会”

- 推动这个世界的不只有思想家，还有在大学之中的学生们。2011 年度，每 6 名从斯坦福大学商学院毕业的学生中就有一名选择创业的道路，创业率高达 16%。即便在互联网泡沫最鼎盛的 1999 年度，大学毕业生的创业率也只有 12%。毕业生们的创业领域几乎都是“互联网”商业。一项针对欧美 MBA 毕业生※的就业调查显示，2012 年度最受欢迎的就职公司是谷歌，除了管理顾问公司和投资银行之外，其他像苹果、Facebook 等网络高科技企业都排名前列。
- 但是美国的大学生就职目标排行榜，近几年来开始向“社会”系倾斜。2012 年度排名第一位的是迪士尼，第二位是联合国，第三位是 NPO Teach For America（TFA），第七位是 Peace Corps（美国版的青年海外协助队），第十位是美国抗癌协会。
- 特别是 TFA，1990 年由普林斯顿大学的毕业生温迪・科普（Wendy Sue Kopp 1967—）独立创业的非营利性组织。她在毕业论文中提出的概念，没有得到任何人的支持，于是她决定自己一个人干。TFA 对优秀的大学毕业生进行训练，然后将他们送到“师资力量不足的学校”进行为期两年的义务支教，一切费用全部通过募捐获得。这种模式大获成功，如今 TFA 每年都会新增 1 万多名志愿者。
- 最后让我们来看一看日本企业的需求，那就是“全球化”。绝大多数日本企业仍然以国内市场为主，但对于大型企业来说，追求成长机会与竞争力的全球化道路是绝对不能回避的。
- 综上所述，在 21 世纪，人们关注的经营主题就是“革新”“领导力”“学习”“网络”“社会”以及“全球化”。

※ 根据 Universum 的调查，美国共有 72 所学校 5748 名学生做出了回答，欧洲则有 74 所学校的 1537 名学生做出了回答。

01 Porter
02 Mintzberg
03 Kaplan-Norton
04 Kim-Mauborgne
05 Bezos
06 Galbraith
07 T. Friedman
08 Accenture
09 Kopp
10 Christensen
11 Govindarajan
12 Evans
13 Gratton
14 Yunus
15 Watts
16 Schmidt-Page
17 Brown
18 Blank-Ries
19 Reeves

“破坏性革新”

克莱顿·克里斯坦森

- 克里斯坦森是一名虔诚的摩门教徒，即便在波士顿咨询公司就职时也绝不在周末工作。
- 40 岁在哈佛商学院任教。
- 45 岁通过《革新者的窘境》一书推广了破坏性革新的概念。
- 51 岁在《革新者的解答》中提出了组织的对策。
- 58 岁检查出恶性淋巴瘤。病情稳定后重新开始创作和教育活动。
- 59 岁在《革新者的基因》中提出领导所必需的“发现力”。

提出「破坏性革新」并且明确了「领导力」的C. 克里斯坦森。
克莱顿·克里斯坦森
Clayton M. Christensen
（1952—）
绝对不在周末加班的克里斯坦森年纪轻轻就成了波士顿咨询公司最出名的管理顾问。
Sat.
Sun.
40岁的时候他拿起哈佛商学院的教鞭，成为革新研究的第一人。
野中等人提出利用「SECI模型」进行渐进式的革新。
就是这个。
野中郁次郎
SECI 模型
隐性知识
隐性知识
隐性知识
显性知识
社会化
Socialization
外在化
Externalization
隐性知识
显性知识
内隐化
Internalization
组合化
Combination
显性知识
显性知识
与之相对的，克里斯坦森在《革新者的窘境》（1997）中提出了一个令人惊愕的主张。
The Innovator's Dilemma
When New Technologies Cause Great Firms to Fail
正如熊彼特曾经说过的那样，在革新中会出现「负责人的变更」。
详见确立篇186页。
好久不见！要是把我忘了，可就麻烦了。
约瑟夫·熊彼特
他认为原因在于革新本身的性质。
创新是革命性的，因此无法使用之前的能力，这很容易导致失败。

但克里斯坦森基于对电脑零件的研究做出了这样的结论。
HDD
革新之所以会失败，与革新是革命性的还是渐进式的无关。
咚咚
失败的原因在于带头企业过于关注顾客需求。
开什么玩笑！
重视顾客有什么不对！
Boo
Boo
Boo
带头企业必然拥有非常重要的顾客。
满足顾客需求是绝对标准，
所以企业必然会拼命地提高『现有的技术水平和体制』，
努力工作？
为了顾客
努力工作
从而抛弃掉其他的无关因素。
这难道不好吗？
但是！
啪嗒

新技术和新体制都诞生于距此很远的地方。
啪
哎呀！
吃惊
好远。
看不见了。
而且随着新技术和新体制的不断进化，顾客总有一天会发现……
不断进化。
哎呀！
哎呀！
这个东西满足了顾客连自己都没发现的需求。
这个真不错啊！
我一直想要这样的东西。
突突突突
比如对哈雷来说，本田的『超级幼兽』就是如此。
带头企业也同时意识到……
大吃一惊
这种革新被称为『破坏性的革新』！
破坏性的革新
嘿嘿嘿嘿
这对于带头企业来说或许是非常令人烦恼的窘境吧。
越是与顾客亲密接触，在经营上十分优秀的企业，越容易陷入毁灭。
嘿嘿嘿嘿！
请你不要再说下去了。

那我们大企业究竟应该怎么做才好？
可别以为问我什么都会告诉你们。
看这个。
太天真了!!
想知道的话就看这本《革新者的解答》(2003)吧。
首先要建立一个小型的别动队。
竟然告诉我们了！
以别动队为中心，采用不同的指标来进行管理，不急于追求成果，也不面向现有的顾客群体。
总部
别动队
力求开拓出新的顾客群体。
这样行吗？
革新
前所未有的新产品啊，快出来吧！
咚咚咚咚
你们不信吗？所以你们才无法实现『破坏性的革新』。
什么？
没别的办法也只好赌一把了。
可是这样上司绝对不会答应的。
感觉挺有趣的……
激动

一旦掌握了新的顾客群体，就可以逐渐地进行革新。
详见确立篇202页。
好评热销中。
SECI 模型
隐性知识
隐性知识
隐性知识
显性知识
社会化
Socialization
外在化
Externalization
隐性知识
显性知识
内隐化
Internalization
组合化
Combination
显性知识
显性知识
咚咚咚
这就是克里斯坦森在《革新者的解答》之中，
对大企业的革新做出的解答。
THE INNOVATOR'S SOLUTION
随后克里斯坦森被查出罹患恶性淋巴肿瘤。
这很严重啊！
什么?!
但他仍然强忍着病痛的折磨在2011年出版了《革新者的基因》。
我才不会输给病魔！
革新需要『具有革新精神的领导』！
THE INNOVATOR'S DNA
JEFF DYER
HAL GREGERSEN
砰

克里斯坦森没有从「组织」而是渴望从「领导力」之中寻找答案。
组织
领导力
我们的目标是那座高山。
他在探寻什么样的领导力能够带领企业进行破坏性的革新。
他对 100 位著名的革新者进行了采访和调查，根据从中发现的共通的思考和行为模式，
又对全世界 75 个国家超过 500 位以上的创新者进行了调查。
你的努力都是白费力气，创业者和非创业者的思考与行为都是一样的。
这已经得出结论了。
喂喂
然而调查的结果却打破了之前的常识；革新者拥有非常明显的特长。
你说什么？

请看这个……
①关联能力
②提问力
③观察力
④网络合作力
⑤实验力
这是5个基本的「发现力」。
用力
革新者都具备这5项能力而且在这方面投入更多的时间。
①关联能力是认知能力。
奔跑
②~⑤则是行动。
奔跑
奔跑
也就是说通过改变行动就能够成为革新者吗？
正是如此！
结论就是，破坏性革新所需要的「发现力」是领导力之中最重要的素质。
发现力
咚咚咚咚
咚咚
IBM对1500名企业CEO进行的调查（2010）也证明了这一结论。
调查结果堆积如山
果……果然啊……
累死我了。已经不行了。
2011年3月11日，日本东北部地区发生里氏9.0级地震。
这就是东日本大地震。

克里斯坦森在日文版中与共著者，杨百翰大学的杰夫・戴尔，
和INSEAD的赫尔・格瑞格森对日本的企业以及国民说出了这样的话。
杰夫・戴尔 Jeff Dyer
赫尔・格瑞格森 Hal Gregersen

日本企业在鼓励员工「对现状提出意见」和「冒风险去创新」的时候往往会遇到很多麻烦。
但幸运的是，革新能力就像肌肉一样是可以锻炼和矫正的，
破坏性革新需要团队合作。
领导需要首先创造一个有利于员工自由发挥发现力的环境，这样企业就一定会朝着好的方向前进。
这就是他们对大地震之后的日本给出的由衷建议。

C. 克里斯坦森发现诞生出“破坏性革新”的“领导力”

001

过于关注顾客需求的优良企业因为难以进行“破坏性革新”而衰退

- 野中等人提出利用“SECI 模型”进行渐进式的革新（参考确立篇 202 页），与之相对的，哈佛商学院的克莱顿·克里斯坦森（Clayton M. Christensen 1952—）却在《革新者的窘境》（1997）之中提出了一个令人惊愕的主张：“带头企业之所以会在革新中失败，是因为过于注重顾客需求。”
- 带头企业必然拥有非常重要的顾客，满足顾客需求是绝对标准，所以企业必然会拼命地提高“现有的技术水平和体制”。但是，新技术和新体制都诞生于距此很远的地方。而且随着新技术和新体制的不断进化，顾客总有一天会发现，新的革新满足了连自己都没发现的需求。对于哈雷来说，本田的“超级幼兽”就是如此（参考确立篇 145 页）。克里斯坦森将这种革新称为“破坏性革新”。

002

利用小规模的别动队寻找其他的顾客群体

- 克里斯坦森首先从组织中寻求这一问题的解决办法。如果只是拘泥于现有的商业模式、现有的顾客群体或者交易对象，绝对无法诞生出“破坏性革新”。所以，需要首先建立一个“小规模的别动队”，去开拓新的客户群体。一旦发现了新的顾客群体，就应该利用 SECI 模型来进行渐进式的革新。他在《革新者的解答》（2003）中做出了这一回答之后，又经过八年的研究，在 2011 年忍受着病痛的折磨出版了《革新者的基因》。

003

“具有革新精神的领导”必不可少，这需要锻炼发现力

- 克里斯坦森又进一步在领导力中寻找答案。他对 100 位著名的革新者进行了采访和调查，根据从中发现的共通的思考和行为模式，又对全世界 75 个国家超过 500 位以上的创新者进行了调查。
- 调查的结果打破了之前的常识，革新者拥有非常明显的特长。
- 5 个基本的“发现力”（①关联能力、②提问力、③观察力、④网络合作力、⑤实验力），革新者都具备这 5 项能力，而且在这方面投入了更多的时间。
- 克里斯坦森认为破坏性革新所需要的“发现力”是领导力之中最重要的素质，而且这种素质是可以通过锻炼获得的。他在日文版的译文中说道：“革新能力像肌肉一样是可以进行锻炼和矫正的”“破坏性革新需要团队合作”“领导需要首先创造一个有利于员工自由发挥发现力的环境，这样企业就一定会朝着好的方向前进”。这就是他们对大地震之后的日本给出的由衷建议。

“逆向革新”

维贾伊·戈文达拉扬

- 29 岁在哈佛商学院以优等生的身份取得 MBA 学位，又取得博士学位。随后开始了教员生涯。
- 36 岁成为达特茅斯大学塔克商学院的教授。
- 56 岁在《战略革新》中提出了大企业的革新方法。
- 59 岁将自己在通用电气担任管理层的经验和成果总结成《逆向革新》发表。

BOP、新中间层与戈文达拉扬的「逆向革新」。
维贾伊・戈文达拉扬
Vijay Govindarajan
（1949—）
BRICS以国家为单位进行分析，
而我则通过「BOP」和「新中间层」来观察这个世界。
BOP
新中间层
BRICS
首先是BOP。
Base of Pyramid
在2007年的报告「The Next 4 Billion（下一个40亿人）」中，家庭年收入低于3000美元的阶层就属于BOP。
而将BOP看作市场商机而非支援对象的就是BOP商业。
1.75亿人
年收入20000美元
14亿人
年收入3000美元
大约40亿人
（约占世界人口的72%）
5兆美元
（相当于日本的国内生产总值）
市场

比如联合利华在印度的活动。
大家来看啊！
ワイ
议论纷纷
洗手洗手
吃饭前要这样洗手。
洗手洗手洗手
干干净净。
用联合利华的肥皂来洗手吧。
好的！
用联合利华的肥皂来洗手吧！
联合利华与当地 400 家 NPO 合作致力于普及卫生习惯。
他们将洗发水和洗手液分装在一次性包装里，将上万名农村女性变成了自己的促销员，成功地实现了 BOP 商业。

尽早进入这个市场，
等将来市场扩大时
就能够站稳脚跟。

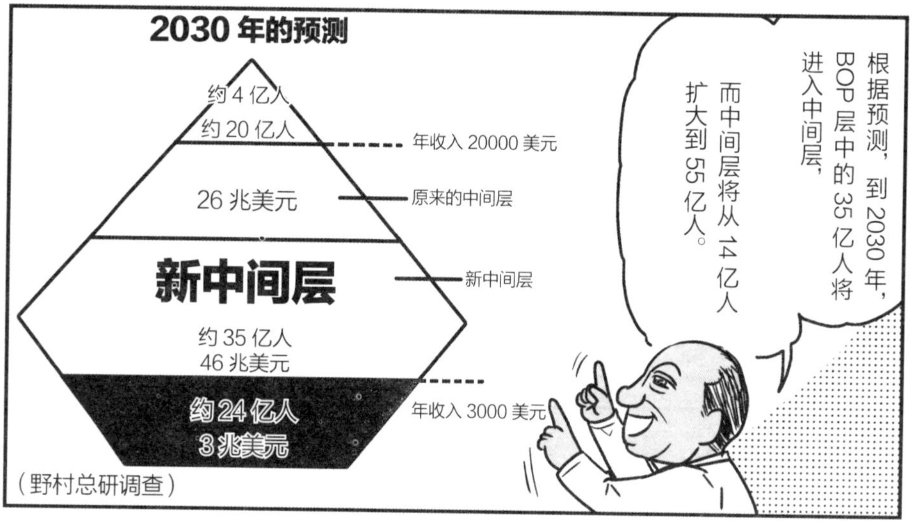
2030 年的预测
约 4 亿人
约 20 亿人
年收入 20000 美元
26 兆美元
原来的中间层
新中间层
新中间层
约 35 亿人
46 兆美元
约 24 亿人
3 兆美元
年收入 3000 美元
（野村总研调查）
根据预测，到 2030 年，BOP 层中的 35 亿人将进入中间层，
而中间层将从 14 亿人扩大到 55 亿人。

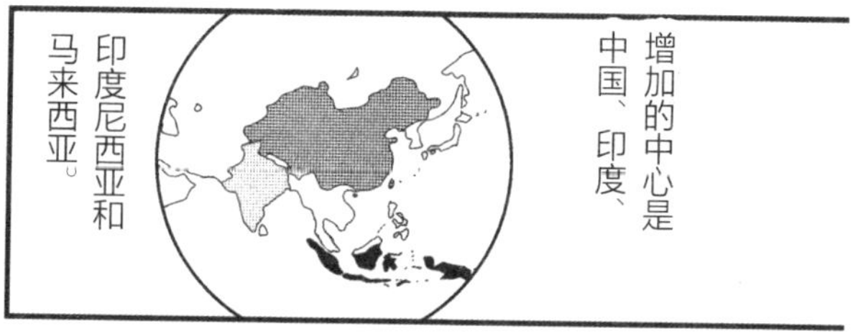
增加的中心是中国、印度、
印度尼西亚和马来西亚。

拥有丰富英语人才的马来西亚可以说是进入伊斯兰地区 16—18 亿人口市场的龙门。
世界正在变得越发参差不齐。
新中间层
马来西亚
咚咚咚

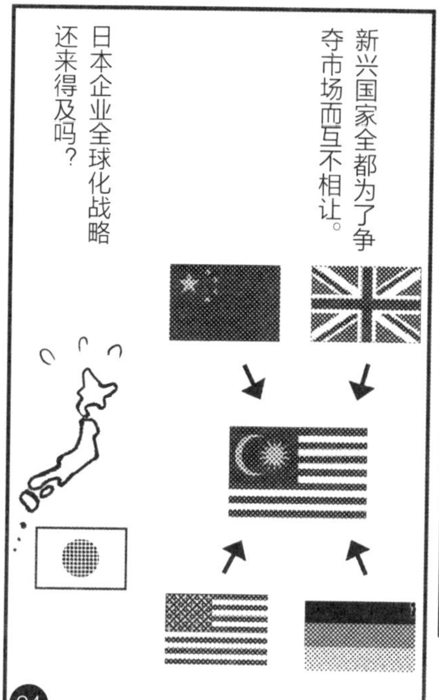
新兴国家全都为了争夺市场而互不相让。
日本企业全球化战略还来得及吗？

将新兴国家与中间层扩大所展现出的「全球化」
与「革新」相结合的人，
就是我！
革新。
全球化
我的研究成果就是《逆向革新》（2012）。
REVERSE
我对革新的发生过程进行了非常详细的调查。
打开
一直以来革新都只发生在发达国家，新兴国家与发展中国家则流传的是廉价版。
发达国家
发展中国家
新兴国家
但是如今以发展中国家为对象的革新，则正在席卷包括发达国家在内的整个世界。
满足了资源限制的发展中国家反而更容易产生必要的革新！
咚咚
咚咚
发达国家
发展中国家
新兴国家

比如 2002 年左右，美国通用电气在日本通用电气的帮助下开发了面向中国市场的廉价版超声波诊断装置。
超实惠
这款基于 PC 的超声波诊断装置的价格只需要 3 万美元，是标准机型的三分之一。
很好！
这样一来我们医院也可以进行超声波诊断了。
虽然性能只有标准机型的 15% 左右，但完全能够满足乡村诊疗所的需求。
美国的急救医疗中心也在救护车中配备了这一装置。
不仅如此，由于其机身小巧，易于搬运。
这个可真不错！
机身小巧，功能强大。
这就是从新兴国家到发达国家的逆流。
发展中国家
新兴国家
发达国家
新兴国家
发展中国家
要想发展这种逆向革新，就必须向当地投入经营资源并且赋予一定的权限。
请等一下！
给你们
经营资源
太好了
都给你们
权限
如果这种物美价廉的东西得到普及，那我们面向发达国家的最新商品岂不是卖不动了吗？
生产商
当然了！

如果本地革新逆流向发达国家，那必然会发生竞争。
但只能接受这种竞争。
太可怕了！
怎……怎么会这样……
在当地创建跨职能的创业型组织，
并且赋予其功能、权限与责任。
不要再给我们增加竞争对手了。
哎呀！
这与克里斯坦森提倡的「小型别动队」的主张相同。
总部
别动队
逆向革新就是破坏性革新的地区版。
破坏性革新也就意味着……
最后所追求的就是「培养包括领导者在内的革新型人才」。

从 BOP 发现“逆向革新”的戈文达拉扬

001

BOP40 亿人与中间层 40 亿人的冲击

- BRICS 以国家为单位进行分析，而戈文达拉扬则通过“BOP”※和“新中间层”来观察这个世界。尽管世界不是平的而是参差不齐的，但还是具有共通性。
- 将家庭年收入在 3000 美元以下的 BOP 层的 40 亿人看作市场机会而非支援对象，就是 BOP 商业。比如联合利华为了普及卫生习惯（洗手、洗衣服等），将洗发水和洗手液分装在一次性包装里，将上万名农村女性变成了自己的促销员，成功地在印度实现了 BOP 商业。
- 根据预测，到 2030 年，BOP 层中的 35 亿人将进入中间层，而中间层将从 14 亿人扩大到 55 亿人。增加的中心是中国、印度、印度尼西亚以及马来西亚。尤其是拥有丰富英语人才的马来西亚，可以说是进入伊斯兰地区 16—18 亿人口市场的龙门。世界正在变得越发参差不齐。

002

新兴国家·发展中国家的革新扩大到世界范围的“逆向革新”

- 达特茅斯大学塔克商学院的维贾伊·戈文达拉扬（Vijay Govindarajan 1949—）将新兴国家与中间层扩大所展现出来的“全球化”与“革新”以令人意想不到的形式组合到了一起。他在 2008 年兼职成为通用电气的管理层之一，对发生在通用电气集团内外的“破坏性的革新”的过程进行了非常仔细的调查，并且将研究成果总结成《逆向革新》（2012）发表。
  - ·一直以来革新都只发生在发达国家，新兴国家与发展中国家则流传的是廉价版。
  - ·但是如今以发展中国家为对象的革新则正在席卷包括发达国家在内的整个世界。
  - ·满足了资源限制的发展中国家反而更容易产生必要的革新！
- 过去波士顿咨询公司的斯托克曾经受农用机械生产商迪尔的委托对洋马进行调查，发现面向印度生产的低价格、低性能拖拉机吸引了美国消费者的兴趣，于是将这种拖拉机引入美国，并且大获成功。

003

小规模的创业组织与权限委任

- 要想发展这种逆向革新，就必须向当地投入经营资源并且赋予一定的权限。如果本地革新逆流向发达国家，那必然会发生竞争，但只能接受这种竞争。
- 因此戈文达拉扬提出“在当地创建跨职能的创业型组织”，并且赋予其功能、权限与责任。这与克里斯坦森提倡的“小型别动队”的主张相同。逆向革新就是破坏性革新的地区版。

※ 最早是 Bottom Of Pyramid 的缩写，现在则变成了 Base of Pyramid。

01 Porter
02 Mintzberg
03 Kaplan-Norton
04 Kim-Mauborgne
05 Bezos
06 Galbraith
07 T. Friedman
08 Accenture
09 Kopp
10 Christensen
11 Govindarajan

12 Evans
13 Gratton
14 Yunus
15 Watts
16 Schmidt-Page
17 Brown
18 Blank-Ries
19 Reeves

波士顿咨询公司看穿网络的本质

菲利普·埃文斯

· 28 岁在哈佛商学院取得 MBA 学位后入职波士顿咨询公司。

· 49 岁在 *Blown to Bits*（《网络资本主义的企业战略》）中揭露出网络商业的本质是“距离、丰富性以及接纳”。

※ 日文版译名为《网络资本主义的企业战略》。

企业和个人都能够在「更广的范围内」发送和接受『更深层次的情报』。
什么
那么……在B2B和B2C方面都是如此吗？
不仅如此，就连将个人与个人连接起来的C2C模式都能够轻而易举地实现。
企业之间
B2B
个人与个人之间
C2C
企业与个人之间
B2C
也就是说，许多的『弱小者』获得了力量。
哼哼哼！
你还没完事吗？
我都等好久了。
不要小看个体户。
1998年谷歌创立，以优秀的检索服务后来居上，2002年成为使用率最高的搜索引擎。这大幅度地提高了人们的信息收集能力。
谷歌真是太方便了！
啪嗒啪嗒
1998年3月，梅格·惠特曼成为只有不到30名员工的eBay的CEO，使个人与个人之间的拍卖服务得到了极大的扩展。
如果每个人都能够方便地相互进行交易就好了。
通过互联网可以和世界上的任何人进行交易。
C2C
梅格·惠特曼
Meg Whitman
（1956—）

在惠特曼于2008年卸任CEO的时候，eBay的销售收入比创业初期增长了200倍，达到77亿美元（2007年12月期）。
买
便宜
卖了
其继任者约翰·多纳霍通过对事业进行整理、加入手机交易、强化在线结算系统（收购PayPal）等举措又进一步提高了收益。
现在eBay的销售收入已经达到179亿美元，销售利润高达35亿美元（2014年12月期）。
PayPal get
约翰·多纳霍（John Donahoe）
支撑起eBay的是遍布全世界的1亿5000万名用户——
以及每天能够处理1000万件以上新商品交易的技术能力。
互联网还改变了中小企业，创业于1943年的老牌弹簧企业东海弹簧工业就在2002年大幅度地改变了自己的战略。
渡边良机（1945—）
开发新顾客？
没那个必要。
我们只要凭借自身优秀的技术能力，严格遵守交货时间，给500名顾客提供商品，就能够获得足够的利润。
足够了。
可……可是不开拓新顾客的话……
就无法增加销售额啊……

我知道。
可是，新顾客在哪里呢？
怎么也找不到啊！
在官网上刊登我们的商品情报怎么样？
或许会有人通过搜索找到我们。
……
那就这样试试看吧。
某一天
社长！
不好了！
怎么了？难道有残次品？
不是。
气喘吁吁
到底发生了什么？你这么慌张。
官网上来了许多咨询的。
甚至都回应不过来了。
怎么回事？
难道是互联网给我送来这么多新顾客吗？
互联网真是了不起啊！

仅2003年，东海弹簧就新增了100家新顾客。
以大学为中心的研究机构和高级服装品牌等都对『定制弹簧』有需求，但却不知道应该去哪里定做。
这样的地方竟然也有顾客吗？
现在拥有超过1000家顾客的东海弹簧工业，因为实现了成长与高收益的共存而被称为『弹簧行业的长尾』。
网络能够非常方便地将人与人联系起来。
2004年面向大学生提供服务的Facebook就充分地利用了网络的这一力量。
朋友
朋友
朋友
朋友
Face-book
但是由于Facebook联系的大多是本身就关系性很强的现实朋友，
所以有人认为它不过是好朋友之间共享相同意见和情报的『回音室』。
Echo Chamber
很多社会学者都从『社会性崩溃』的角度对其敲响了警钟。
不要被封闭空间的舒适性所欺骗！
不要把自己关在Facebook里面！
抗议
反对
抗议
你们真烦啊！
Face-book
2012年Facebook的学术团队专门发表了一篇论文来驳斥这些批判。
咚
好好读一读吧！
The Role of Social Networks in Information Diffusion
Face-book

虽然人们在Facebook上主要与那些少数的关系亲密的人共享信息。
但同时也会从很多关系较弱的人那里获得信息，特别是「重要」的信息。
The Role of Social Networks in Information Diffusion
也就是说「信息的扩散」绝大多数情况下都是通过「弱关系」实现的。
你知道吗？
你知道吗？
你知道吗？
你知道吗？
Facebook
Facebook
Facebook
Facebook
这篇论文是麻省理工学院毕业的优等生艾唐·巴克什在进入Facebook之后写的。
他当时对Facebook的2亿5000万用户发表的120亿条信息进行了实验与分析。
艾唐·巴克什
Eytan Bakshy
这个有史以来规模最大的真实数据分析充分地展示出网络中「弱关系」的力量。
我说得没错吧？
埃文斯的预言完全正确。

埃文斯的预言:“网络”使弱小者也拥有了力量

001

Blown to Bits，网络赋予弱小者以力量

- 预言“未来连谁是生产者和谁是消费者都将难以区分”的埃文斯在 1999 年出版了被称为“电子商务圣经”的 *Blown to Bits*。他认为互联网带来的本质变化就是经济性在信息中的变化，一直以来处于权衡状态的“距离（信息能够传达到什么地方）”与“丰富性（信息有多么丰富）”实现了共存。
- 通过网络，企业和个人都能够在“更广的范围内”发送和接受“更深层次的信息”。这使得许多“弱小者”获得了力量。1998 年谷歌创立，以优秀的检索服务后来居上，2002 年成为使用率最高的搜索引擎。这大幅度地提高了人们的信息收集能力。

002

连接个人与个人的 eBay 的大发展!

- 1998 年 3 月，梅格·惠特曼（Meg Whitman 1956—）成为只有不到 30 名员工的 eBay 的 CEO，使个人与个人之间的拍卖服务得到了极大的扩展。在惠特曼于 2008 年卸任 CEO 的时候，eBay 的销售收入比创业初期增长了 200 倍，达到 77 亿美元（2007 年 12 月期）。其继任者约翰·多纳霍（John Donahoe）通过对事业进行整理、加入手机交易、强化在线结算系统（收购 paypal）等举措又进一步提高了收益。现在 eBay 的销售收入已经达到 179 亿美元，销售利润高达 35 亿美元（2014 年 12 月期）。
- 支撑起 eBay 的是遍布全世界的 1 亿 5000 万名用户，以及每天能够处理 1000 万件以上新商品交易的技术能力。

003

强大的弱关系：人们通过弱关系获取信息

- 网络能够非常方便地将个人与个人联系起来，2004 年面向大学生提供服务的 Facebook 就充分地利用了网络的这一力量。但是由于 Facebook 联系的大多是本身就关系性很强的现实朋友，所以有人认为它不过是好朋友之间共享相同意见和信息的“回音室（Echo Chamber）”。很多社会学者都从“社会性崩溃”的角度对其敲响了警钟，提出“不要被封闭空间的舒适性所欺骗”“不要把自己关在 Facebook 里面”。
- 针对社会的这种不安，Facebook 的学术团队于 2012 年专门发表了一篇论文来驳斥这些批判。“虽然人们在 Facebook 上主要与那些少数的关系亲密的人共享信息，但同时也会从很多关系较弱※的人那里获得信息，特别是‘重要’的信息”，“也就是说‘信息的扩散’绝大多数情况下都是通过‘弱关系’实现的”。这篇论文是麻省理工学院毕业的优等生艾唐·巴克什（Eytan Bakshy）在进入 Facebook 之后写的，他当时对 Facebook 的 2 亿 5000 万用户发表的 120 亿条信息进行了实验与分析。这个有史以来规模最大的真实数据分析充分地展示出网络中“弱关系”的力量。

※ 几乎不评论也不点赞。

“学习”的 3 个新动向

琳达·格拉顿

· 在利物浦大学取得心理学博士学位后进入“英国航空”就职。

· 27 岁跳槽到英国博安咨询集团并取得了成功。

· 34 岁进入伦敦商学院担任助教，随后成为人才管理论的第一人。

· 52 岁出版《热点》，被《金融时报》评为该年度最重要的商业书。

· 56 岁出版《转变》，畅销全世界。

请听题，
资源少、远离欧美、人口少、税金高又寒冷的国家是哪个国家？
提问学习
…
10
9
8
7
提问学习
叮咚
日本。
错误！
不是日本。
尽管人口在减少，但日本仍然是拥有一亿人口的大国，
消费税率只有百分之几，而且还是相当热的国家。
舔舔舔
哎呀呀！真是屈辱……
答案是北欧诸国。
芬兰
瑞典
挪威
丹麦
冰岛
什么？
这些国家距离欧美并不远吧？
就是这些北欧国家提倡并且实践了全新的「学习」方法。
那就是「未来中心」。
我来教你全新的学习。
为什么让变色龙来提问？
因为可爱啊。

在斯堪的亚保险公司工作的埃德温森有一个烦恼，
瑞典
うーん
那就是如何才能产生出「未来的知识资本」。
利夫·埃德温森
Leif Edvinsson
（1946—）
啊！
这个问题一个人可解决不了。
对未来的灵感应该就隐藏在相关者之中。
是我啊，你最近有空吗？
转来转去
我想到一个好主意。
把大家召集到一起，气氛轻松地聊聊天吧。
1996 年，第一家未来中心在美丽的湖边小屋之中诞生了。
这边这边
热热闹闹
即便召集全公司的精英，甚至支付了高额的咨询费，却仍然没能解决的问题，却在未来中心中都找到了解决的办法。
七嘴八舌
这个主意不错哦！

未来中心因此受到了世人的关注，荷兰与丹麦的公共部门率先导入了这一体制。
如今以欧洲为中心，在民间就有超过40家以上的未来中心。
德鲁克预言了知识社会的到来，野中明确了知识经营的原理，
未来中心则为以上两者提供了具体的流程。
野中郁次郎
德鲁克
2007年，野中与多摩大学的绀野登和K.I.T.虎之门大学的野村恭彦一起，以富士施乐为根据地研究未来中心在日本的普及。
绀野登（1954—）
野村恭彦（1967—）
未来中心在日本是从民间开始的。
企业以这样的顺序开展。
企业最后在与『未来的利益相关者』进行对话的过程中找出通往未来的路。
请看！
①在企业之中培养对话的文化。
②能够跨组织解决问题。
③与公司内外的利益相关者一起引发革新。

未来中心的创造力和效果，是由其身处环境的开放程度和网络合作程度决定的。
因此对于指挥这一切的领导者来说，最重要的能力就是『利用网络合作改变社会的想象力』。
如今，日本的许多企业和公共部门也开始成立未来中心。
在欧美日以不同的方式进化并且寻求合作的未来中心，或许会成为日本企业对外『开放』的关键。
下一个问题，
好了。
又来了……
保护过去的知识资本，并从未来的知识资本中获得最大收益的战略是……
叮咚
知识产权战略！
我知道！
提问学习
我还没说完……
糟了，抢答早了！
可恶！啊啊啊！
嘻嘻嘻。
提问学习

以具体的知识产权展开竞争的代表企业是……
叮咚
苹果与三星！
我还没说完……
又抢答早了吗？
正如我们在苹果与三星的知识产权战争中所看到的一样，
苹果
VS
三星
成败与否直接关系到他们各自事业的根基。
你在说你自己吗？
不要抄袭我！
一旦被认定为侵害专利或设计，
就会瞬间失去在该国市场中的一切地位。
还没到问题吗？
那么……
知识产权战略除了「取得关键的专利」之外还有什么？
这个吗……
让我想一想……
提问学习
是什么来着？
请从以下答案中选择。
竟然是选择题?!
①利用压倒性的（技术实力）和市场开拓力取得事实（de facto）标准。
②投入优秀的技术人才通过技术标准化取得主导地位。
③与竞争对手进行交易。
④通过黑箱化零件和版权收入来获取利润。
我选②。
错误。
那我选③。
错误，错误。

选项全部正确。
还是被耍了……
失落
知识产权战略
产品战略
R&D 战略
知识产权战略与产品战略和 R&D 战略是三位一体的关系。
知识产权的战争也是人才的战争。
在 iPS 细胞（诱导性多能干细胞）的研究开发之中，京都大学的山中伸弥就已经强烈地意识到知识产权专家的不足所带来的危机。
这很有问题……
山中伸弥
（1962—）
如果 iPS 细胞的制造技术专利被盈利企业获得，那么具有划时代意义的廉价医疗将永远也无法实现。
iPS 细胞
必须尽可能多地获得关键性专利。
嗯
在专利战略之中，大量的知识产权专家是必不可少的，
但是日本的大学却不能以充足的条件雇用这样的人才。
这是很大的问题。

如果没有知识产权保护的专家，就无法在世界上进行公平的较量。
为了保证iPS细胞的知识产权，您能来京都大学工作吗？
好的，我很荣幸。
虽然我不会讲英语。
在住友制药以研究者的身份担任知识产权负责人的高须直子给山中提供了大力的支持。
高须直子用了3年的时间往来奔走于日本、欧洲以及美国等地，取得了大量的重要专利，并且与其他企业成功地进行了交涉，守护住了iPS的基础。
这样大家都可以使用iPS细胞了。
真是了不起的转变，
我可做不到。
iPS剧场
结束
如果你不思进取地混10年，就算住在发达国家，也会跌落进『新底层』。
不掌握一项技能的话，就会被迫与全世界的劳动者进行竞争，只能赚取微薄的薪水。
哎呀呀呀呀呀呀呀呀呀！
琳达·格拉顿
Lynda Gratton
（1955—）
反正我大概就这样平平凡凡地度过此生了吧。
那可不行！
哎……
提问学习

格拉顿在《转变》中预测，
未来单纯的通才型的中间管理层将会大量减少。
THE SH/FT
The future of work is already here
但是很多人仍然认为「未来处于过去的延长线上」。
这样的人只能疲于奔命，在孤独和贫困中度过一生。
难……难道是在说我吗！
如果不想那样的话，就要从现在开始做到「3个转变」。
砰
转变① 尽可能在感兴趣的事物中掌握多个专业技能。
转变② 创建与他人的网络合作关系，也包括稳定的人际关系。
转变③ 摆脱从收入与消费中获得的满足。如果不能持续发展，即便是发达国家也有局限性。
你选择怎样的未来？
要想转变的话就从现在开始吧！
不要害怕变化。
行动起来！
现在就转变。

“学习”包括未来中心、知识产权战略以及转变

001

诞生于资源匮乏的小国的未来中心

- 通过活用人才和知识创新找到发展道路的北欧诸国，又开始提倡和实践一个崭新的“学习”方法，那就是由瑞典的利夫·埃德温森（Leif Edvinsson 1946—）提出的“未来中心”。
- 通过创建一个“让多数利益相关者能够进行平等交流的具有创意性的对话平台”，未来中心诞生出许多具有创意的问题解决办法。这一结果受到了世人的关注，如今以欧洲为中心，在民间就有超过 40 家以上的未来中心。德鲁克预言了知识社会的到来，野中明确了知识经营的原理。未来中心则为以上两者提供了具体的流程。
- 2007 年，野中与多摩大学的绀野登和 K.I.T. 虎之门大学的野村恭彦一起，以富士施乐为根据地，研究未来中心在日本的普及。野村指出，“未来中心的创造力和效果，是由其身处环境的开放程度和网络合作程度决定的”。未来中心或许会成为日本企业对外“开放”的关键。

002

知识产权战略的冲击：支撑 iPS 细胞的知识产权人才

- 如果说未来中心的职责是创造未来的知识资本，那么保护过去的知识资本，并从未来的知识资本中获得最大收益的战略就是“知识产权战略”。正如我们在苹果与三星的知识产权战争中所看到的一样，知识产权战略的成败与否直接关系到该事业的根基。一旦被认定为侵害专利或设计，就会瞬间失去在该国市场中的一切地位。
- 知识产权的战争，也是人才的战争。在 iPS 细胞（诱导性多能干细胞）的研究开发之中，京都大学的山中伸弥就已经强烈地意识到知识产权专家的不足所带来的危机。“如果没有知识产权保护的专家，就无法在世界上进行公平的较量”。
- 在住友制药以研究者的身份担任知识产权负责人的高须直子给山中提供了大力的支持。在山中的亲自邀请下，对 iPS 细胞很感兴趣的高须直子立刻做出了“同意”的回答。

003

提出应该自主进行“3 个转变”的格拉顿

- 作为这些“学习”的核心，在未来中心和知识产权战略中都发挥出重要作用的，就是理查德·佛罗里达提出的“创意阶层”（参考本书 65 页）。
- 但伦敦商学院的琳达·格拉顿（Lynda Gratton 1955—）却提醒人们，如果不思进取地混 10 年，则会跌落进与“创意阶层”完全相反的“新底层”。为了避免出现这一情况，她在《转变》（2011）中提出了“3 个转变”的概念。

  转变① 尽可能在感兴趣的事物中掌握多个专业技能。

  转变② 创建与他人的网络合作关系，也包括稳定的人际关系。

  转变③ 摆脱从收入与消费中获得的满足。如果不能持续发展，即便是发达国家也有局限性。
- “未来是自己的选择”，这就是她想要传达给众人的信息。

格拉顿与莫博涅 2011

欧洲诞生的热门概念“蓝海战略”

格拉顿

莫博涅，恭喜你啊。你和金伟灿的《蓝海战略》非常热门。说起商业系的概念，绝大多数都是从美国诞生的，现在欧洲能够诞生出这样的热门概念，我真是感到非常高兴。应该是自从 20 世纪初期的法约尔以来的第一次吧（笑）（参考确立篇 34 页）。

莫博涅

谢谢你，格拉顿。我一直在美国的密歇根大学与金伟灿研究企业的全球化战略，但如果一直待在美国的话，全球化就很容易变成“美国与其他国家”。虽然他是韩国人，但我毕竟是土生土长的美国人。

莫博涅

于是我们两人就来到了 INSEAD（欧洲工商管理学院）。结果我们看到了完全不同的世界。

格拉顿

就是不竞争的企业战略论，《蓝海战略》对吧？

莫博涅

是的。美国人喜欢辩论喜欢竞争，什么事都要分出个是非黑白才肯罢休，但欧洲和亚洲则更加复杂，也会诞生出很多“新的空隙”。

莫博涅

格拉顿提出的“新工作方法”，在某种意义上也是一样吧。

琳达·格拉顿主张“协调”而非“竞争”

格拉顿

正是如此。之前企业与企业，个人与个人之间都是“战争”，而我研究的“协同工作”则认为只有企业间与个人间的“协调（collaboration）”才是今后社会的应有状态，狭义上来说，也是竞争力的源泉。

莫博涅

你为什么会有这种想法呢？

格拉顿

我取得心理学博士学位之后在“英国航空”工作了几年，之后又在管理顾问公司工作了 7 年。我在这段期间内见过太多的职场状况，即便在同一个企业和事业部之中，也有充满创意和激情的部门（等于热点）以及完全相反的部门。这究竟是为什么呢？我的思考就是从这个时候开始的。

莫博涅

听说你跳槽到伦敦商学院的时候让周围的人都大吃一惊呢！

格拉顿

是啊（笑）。我是管理顾问公司有史以来最年轻的员工，而且工资只有我之前的八分之一。就连我心爱的“BMW7 系”都卖掉了，那是我结婚后全家都很想要的车。

莫博涅

到现在已经过去 20 年了吧。当初的决定还挺正确的呢。

格拉顿

我也这么想（笑）。虽然工作很忙，但从我家到大学只有 10 分钟左右的路程，一会儿我打算和孩子们一起吃午饭。虽然他们或许会抱怨“一直都是妈妈在说话”，但如果他们想说话我也是会停下来的。然后我就要立刻赶去飞机场。下午在法兰克福有一个会。

概念的重点在于命名?

格拉顿

说起来，莫博涅也总是要飞来飞去的吧。

莫博涅

都是拜《蓝海战略》所赐啊。我一直强调“价值的飞跃（leap）”，所以飞来飞去也是没办法的事（笑）。前几天我还在世界商业论坛上给 5000 人做了演讲。

格拉顿

《蓝海战略》这个命名真棒。充满竞争的市场到处都是鲜血，所以被称为“红海”，而通过新价值实现的没有竞争的市场则是“蓝海”。

莫博涅

最初想叫“价值革新”，但这发表在哈佛商业评论上给专业人士看还好，却不适合作为商业书的标题。

莫博涅

于是我拼命地想，终于想到用颜色来命名：蓝色（未来）VS 红色（血）。

莫博涅

然后我们还仔细地发明了分析工具，使其成为“实用的经营战略论”。最近很多战略论都是只有概念或者全是省略号，空洞无物令人生厌。而我们的分析工具都是金伟灿在 BMW 做管理顾问的时候发明的，完全能够应用在实践当中。

格拉顿

所以才被翻译成 43 种语言，在全世界卖出了 350 万册吧。

格拉顿

我也经常为书名头疼。我出版的第一本书名字叫作《战略性人力资源管理》（1999），但我觉得这个名字太普通了，于是我把下一本书命名为《生存战略》（2000）。意思是生存下去的战略，或者给战略赋予生命。

莫博涅

然后就是 2007 年的畅销书《热点》吧？

格拉顿

是的。我的最新作是《转变》，这本书的副标题是“未来社会工作岗位需求变化及应对策略”。希望大家能喜欢这个名字。

格拉顿

我得走了。下次我们一起去枫丹白露吃午餐吧。

莫博涅

就这么说定了。

01 Porter
02 Mintzberg
03 Kaplan-Norton
04 Kim-Mauborgne
05 Bezos
06 Galbraith
07 T. Friedman
08 Accenture
09 Kopp
10 Christensen
11 Govindarajan
12 Evans
13 Gratton

14 Yunus
15 Watts
16 Schmidt-Page
17 Brown
18 Blank-Ries
19 Reeves

“社会化”吸引了全世界的英才

穆罕默德·尤努斯

· 孟加拉吉大港大学经济系主任。

· 36 岁将小额信贷发展为大学的实证试验项目。

· 43 岁创立格莱珉银行。

· 66 岁获得诺贝尔和平奖。

如今最吸引全世界年轻人的主题就是『社会化』。
可以说『社会化』吸引了全世界的英才。
1983年，孟加拉国吉大港大学的教授——
格莱珉银行
穆罕默德·尤努斯
Muhammad Yunus
（1940—）
穆罕默德·尤努斯创立了格莱珉银行。
尤努斯为了帮助农村的贫困阶层（BOP）进行了诸多尝试，最后终于发现了小额信贷的方法。
请借我5000塔卡。
我想用这些钱买点用来做加工原料的布匹。
给你。
五千
我也要！我也要！
这个最初由尤努斯自掏腰包的项目，在1976年的时候成为大学的实证试验项目，实验对象就是大学周边的村子。
太好了，帮了我的大忙！
我们也想要这样的系统。
非常感谢！
大学
请贷款给我。
什么，我们不是实验对象吗？
1 塔卡 =0.0793 人民币
后来这个活动呈爆炸式地发展开来，到2009年的时候贷款对象已经多达787万人，贷款总额超过81亿美元（每人平均103美元），有分行存在的村子多达8万个以上。
5000 塔卡
1万塔卡
请大家把这些钱用在有意义的地方。
非常感谢！
1万塔卡
5000 塔卡

尤努斯先生，这些钱直接就可以拿走吗？
嗯。
诺贝尔和平奖
如果贷款需要担保，那就没人来贷款了。
是啊。
哎！贷款5000塔卡一定要担保吗？
因为我们不能信任你，可别想骗银行的钱啊。
是的
那算了吧。
如果不用担保的话就会有人来贷款，但是如果对方没有偿还能力和意愿，那贷款的风险就太大了。
我相信你们。
抢走
逃跑
我拿到了，这是我的了！
バシッ
但是不能为了100美元的贷款，专门派银行员工来进行信用调查和个人调查吧。
人工费
信用
精力
是的。
5000塔卡
所以我认为……
不应该以「贷款者的偿还能力」作为担保，而应该选择「伙伴间的信任」。
伙伴间的信任
！
感觉好像是社团活动一样的连带感。
是……是吗？
让贷款者5人组成一组，在小组内检查每个人的资金计划。
大家在贷款时一定要仔细考虑哦。
结果贷款的偿还率超过95%。
偿还率超过95%。

自律性的小额信贷审查这一革新，
使数千万人能够进行小额信贷，并且给他们的工作（收入）提供了资金上的保障。
为「社会」这一主题引入数学与经济学方法「博弈论」的是哈佛大学的阿尔文·罗思与加州大学洛杉矶分校的劳埃德·沙普利。
阿尔文·罗思
Alvin Elliot Roth
（1951—）
劳埃德·沙普利
Lloyd Stowell Shapley
（1923—2016）
20世纪60年代初，
怎样才能找到一个好办法解决男女结婚的相关问题呢？
最近的男性都太内向了
身为数学家的沙普利，将结婚问题设定为「数学问题」，寻找「稳定的匹配」，并最终发现了其中的算法。
20年后，阿尔文·罗思发现自己的「全国研修医师匹配程序」与沙普利的算法在本质上是一样的。
竟然一样。
是啊。

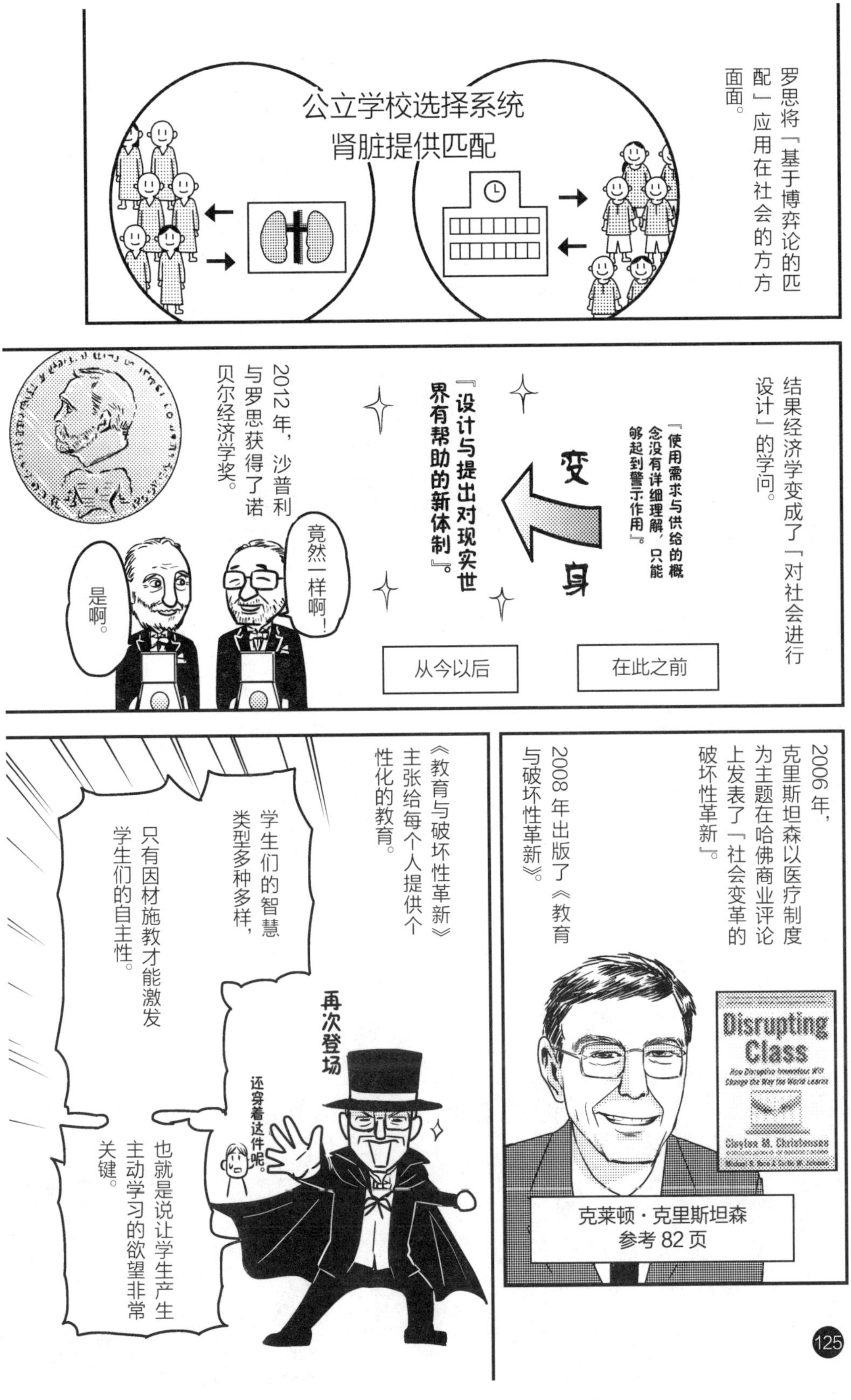
罗思将「基于博弈论的匹配」应用在社会的方方面面。
公立学校选择系统
肾脏提供匹配
结果经济学变成了「对社会进行设计」的学问。
在此之前
「使用需求与供给的概念没有详细理解，只能够起到警示作用」。
变身
从今以后
「设计与提出对现实世界有帮助的新体制」。
2012年，沙普利与罗思获得了诺贝尔经济学奖。
竟然一样啊！
是啊。
2006年，克里斯坦森以医疗制度为主题在哈佛商业评论上发表了「社会变革的破坏性革新」。
2008年出版了《教育与破坏性革新》。
Disrupting Class
克莱顿·克里斯坦森
参考82页
《教育与破坏性革新》主张给每个人提供个性化的教育。
学生们的智慧类型多种多样，
只有因材施教才能激发学生们的自主性。
再次登场
还穿着这件呢。
也就是说让学生产生主动学习的欲望非常关键。

那要怎样才能实现个性化的教育呢？
嗯。
学生有好多呢。
咚
使用IT的话就可以自由地提供程序了！
！
这样还可以给那些教育功能不完善的地区的孩子们提供接受教育的机会。
了不起！
哈哈哈哈！
破坏性的革新总是诞生在主流用户群体之外的地方。
不用你说我都已经开始实践了。
喂！
萨尔曼·可汗
Salman Khan
（1976—）
NPO可汗学院致力于通过网络免费提供高品质的授课视频。
很好很好，我要帮助你。
非常感谢！
比尔·盖茨
这项最早始于可汗个人的活动，一瞬间就召集到了大量的资金和人才。
3+4
授课视频超过3000部。
3000部!!
每个月有100万人以上登录这个网站。

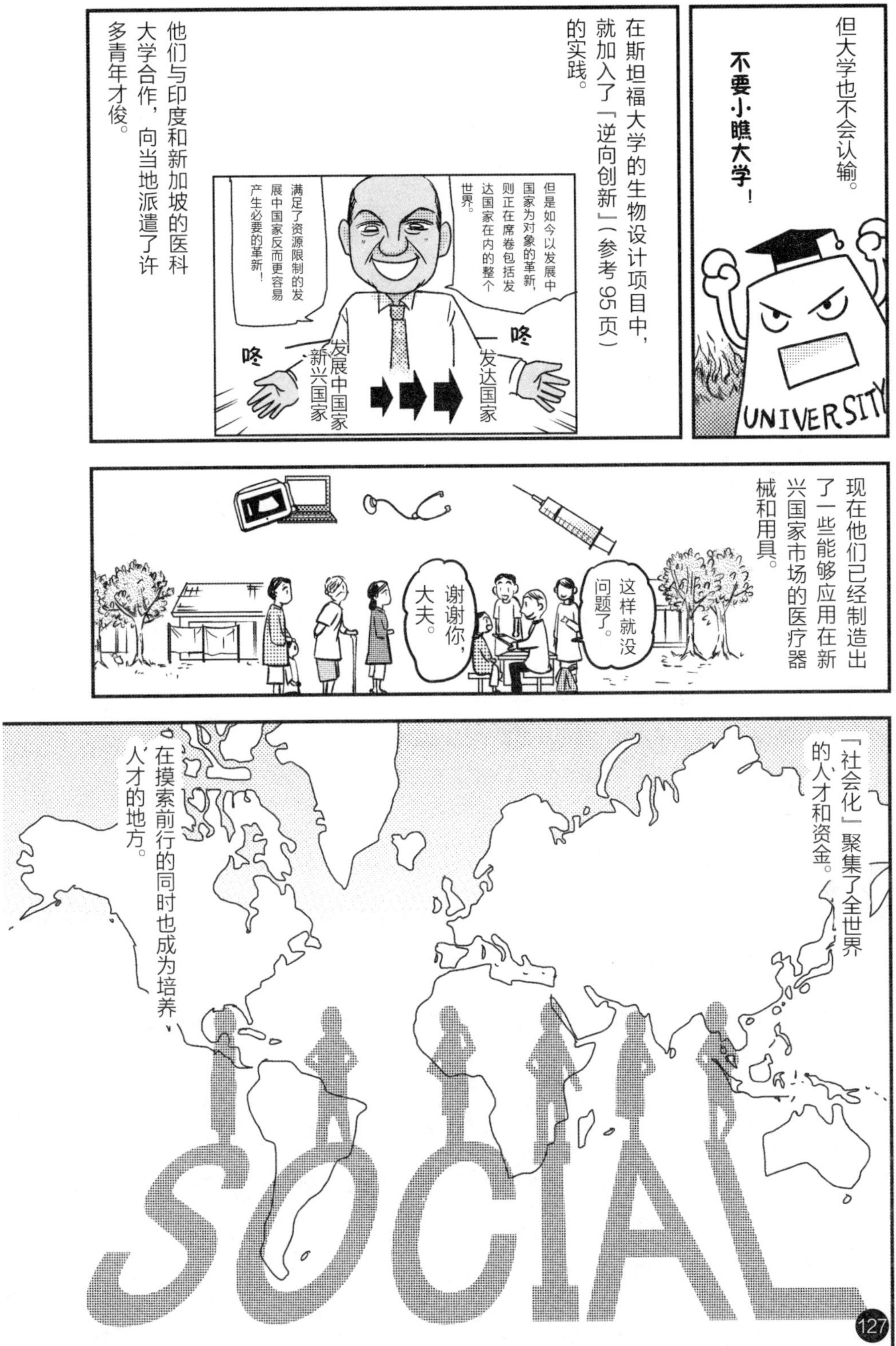
但大学也不会认输。
不要小瞧大学！
UNIVERSITY
在斯坦福大学的生物设计项目中，就加入了「逆向创新」（参考95页）的实践。
但是如今以发展中国家为对象的革新，则正在席卷包括发达国家在内的整个世界。
满足了资源限制的发展中国家反而更容易产生必要的革新！
咚
发达国家
发展中国家
新兴国家
咚
他们与印度和新加坡的医科大学合作，向当地派遣了许多青年才俊。
现在他们已经制造出了一些能够应用在新兴国家市场的医疗器械和用具。
这样就没问题了。
谢谢你，大夫。
「社会化」聚集了全世界的人才和资金。
在摸索前行的同时也成为培养人才的地方。
SOCIAL

“社会化”主题吸引了全世界的英才

001

格莱珉银行：小额信贷给 BOP 创造机会

- 如今最吸引全世界年轻人的主题就是“社会化”，可以说“社会化”吸引了全世界的英才。之前资本主义与社会政策框架内无法解决的社会问题，都可以通过商业的方法来解决。最初的发展来自 1983 年穆罕默德·尤努斯（Muhammad Yunus 1940—）创立的格莱珉银行。
- 身为孟加拉国吉大港大学教授的尤努斯为了帮助农村的贫困阶层（BOP）进行了诸多尝试，最后终于发现了小额信贷的方法。他没有选择以“贷款者的偿还能力”作为担保，而是选择“伙伴间的信任”。这个最初由尤努斯自掏腰包的项目，在 1976 年的时候成为大学的实证试验项目，到 2009 年的时候贷款对象已经多达 787 万人，贷款总额超过 81 亿美元（每人平均 103 美元）。

002

利用“博弈论”设计社会制度的“市场设计”

- 为“社会化”这一主题引入数学与经济学方法“博弈论”的，是哈佛大学的阿尔文·罗思（Alvin Elliot Roth 1951—）与加州大学洛杉矶分校的劳埃德·沙普利（Lloyd Stowell Shapley 1923—2016）。
- 罗思将“基于博弈论的匹配”应用在社会的方方面面，比如“公立学校选择系统”和“肾脏提供匹配”。他还将一直以来“使用需求与供给的概念但却没有详细的解释，只能够起到警示作用”的经济学变为“设计与提出对现实世界有帮助的新体制”的学问。他也因此获得了诺贝尔经济学奖。

003

波特的战略医疗改革计划，克里斯坦森的教育革新

- 2006 年，波特在《医疗战略的本质》中，将经营战略论应用于医疗领域。克里斯坦森以医疗制度为主题在哈佛商业评论上发表了《社会变革的破坏性革新》，又在 2008 年出版了《给革新者的处方》。他在同年出版的《教育与破坏性革新》中主张给每个人提供个性化的教育。
- 就算克里斯坦森不说，萨尔曼·可汗（Salman Khan 1976—）也已经开始了对这一理论的实践。可汗学院致力于通过网络免费提供高品质的对话型教育资源。授课视频超过 3000 部，每个月有 100 万人以上登录这个网站。
- 但大学也不会认输，在斯坦福大学的生物设计项目中，就加入了“逆向创新”（参考 95 页）的实践。他们与印度和新加坡的医科大学合作，向当地派遣了许多青年才俊。这些人已经制造出了一些能够应用在新兴国家市场的医疗器械和用具。很多企业看好他们的创新能力，为他们提供研究资金。
- “社会化”聚集了全世界的人才和资金，在摸索前行的同时也成为培养人才的地方。

Chapter 1

Chapter 2

Chapter 3

Chapter 4

第三章

最后的回答——『适应性战略』

网络的铁人施密特与识人的慧眼沃茨

未来能够预测吗?

沃茨

施密特先生，我有一个问题。在高科技行业赫赫有名的您，在 2001 年 45 岁的时候选择进入刚刚创业不久，销售额只有 1900 万美元的谷歌。而 15 年后的今天谷歌的销售额比那时候增长了大约 3000 倍。您在当时预测到了今天的成功吗?

施密特

怎么可能（笑）。没有人能够预测到这种百年一遇的成功，沃茨。不过……

沃茨

不过?

施密特

不过我心里清楚，“谷歌的经营干部”是有能力的。所以问题只在于他们能够将销售额提高多少倍而已。

沃茨

原来如此。曾经在 SUN 和 Novell 等大型 IT 企业身为干部取得成功的您，为什么能够放弃那么稳定的生活，而且避开了成功者最容易跌落的陷阱，还能够和谷歌的年轻创业者们（佩奇和布林）一起取得又一次的巨大成功呢……

施密特

如果说这其中有什么秘密的话，大概就是对“科技”的理解与期待吧。在不断进步的“科技”面前，个人的成功与否都是一些微不足道的小事。正是这种谦虚的心态，给了我危机感与不断前行的动力。

沃茨

也就是不学习过去，而要立足当下不断尝试对吧!

01 Porter
02 Mintzberg
03 Kaplan-Norton
04 Kim-Mauborgne
05 Bezos
06 Galbraith
07 T. Friedman
08 Accenture
09 Kopp
10 Christensen
11 Govindarajan
12 Evans
13 Gratton
14 Yunus
15 Watts
16 Schmidt-Page
17 Brown
18 Blank-Ries
19 Reeves

不要从历史中学习!

邓肯·沃茨

· 取得物理学博士学位之后在圣塔菲研究所和雅虎研究所进行实证实验与分析。

· 26 岁提出“小世界假设”。

· 40 岁出版《偶然的科学》。

· 41 岁跳槽到微软研究所。

社会学家沃茨提出不要从历史中学习而应该信任对比试验。
邓肯·沃茨
Duncan Watts
(1971—)
在学习了物理学与社会学之后，
物理学·理论应用力学
社会学
スー
スーイ
圣塔菲研究所
雅虎研究所
他在以「复杂性」著称的圣塔菲研究所，以及雅虎研究所中通过不断地进行实证实验与分析，提出了「小世界假设」与「六度分隔」等概念。
经历很丰富呢。
“小·世界假设”“六度分隔”。
微软研究所成立之后，他于2012年4月跳槽过去。
嗖——
微软研究所
到目前为止我们看过了经营战略100年的漫长「历史」。
但是这究竟有什么意义呢？
在我的著作《偶然的科学》中，
揭示了向过去学习的危险性。
如果将原标题直译过来的话就是「一切显而易见，只要你知道答案」。
Everything Is Obvious
*ONCE YOU KNOW THE ANSWER
“Everything Is Obvious*
*Once You Know the Answer”
稍微意译一下就是「人们总是认为一切都是必然和理所当然的」。
闪亮

但人类总是容易出现这样的问题。
你在说什么？
我可总是冷静而且客观地看待问题。
愤愤不平
真的是那样吗？
微笑
比如……
社会学家保罗·拉扎斯菲尔德在第二次世界大战时以60万名美国士兵为对象进行了调查研究，得出了结论。
结论：农村出身的士兵比城市来的士兵更加勇敢。
保罗·拉扎斯菲尔德
Paul Lazarsfeld
（1901—1976）
农村出身
城市出身
农村出身的人因为生活环境比较艰苦，所以当然勇敢了。
这根本不用调查。
理所当然
所有人都认为这个结论是显而易见的。
但实际上……
闪光
我骗你们的！
大吃一惊
大成功
咚咚

其实是城市出身的人比农村出身的士兵更加勇敢。
农村出身
城市出身
拉扎斯菲尔德后来承认事实与他之前提出的结论完全相反。
说得没错啊。农村去当兵的大多是长子，所以很怕死。
城市去当兵的都是老二或者老三，只有靠当兵打仗来出人头地，所以当然很勇敢了。
理所当然的嘛。
什么
结果所有人又认为这个结论是理所当然的。
狡猾
狡猾
狡猾
人类就是喜欢给任何事都找到一个理由，认为其是『理所当然的』。
对于过去发生的事，人类不喜欢偶然而喜欢必然。
而对于未来发生的事，明知道都是由偶然决定的，
却不愿相信那是偶然的产物。
现在发生的一切都是必然。
但未来将会变成怎样却是不确定的。
过去
现在
未来A
未来B
未来C
未来Z
人类不愿相信自己是偶然的产物。
与这样的老婆结婚是命运的安排，是必然的结果。
啊哈哈哈！

总之，人类是认为现在与过去都是必然造成的产物。
我是幸福的。
别吵了！
如果对历史上的重大事件进行详细的调查就会发现在环境、定位以及能力等一切方面，条件全都是不一样的。
因此我们根本无法得到能够直接利用的信息。
总统选举
企业的成功与失败
革新
一脚踢开
毫无意义！
总统选举
企业的成功与失败
革新
不要从历史中寻找『答案』。
这就是我的主张！
可是总觉得……
毫无意义！
我打！
哎呀！

人们会被结果蒙蔽双眼，从而对一切进行评价和判断。
比如当思科公司业绩优良的时候，人们都评价其是『互联网时代的宠儿』。但当其业绩停滞不前的时候又被人们称为『反面教材』。
业绩优良
业绩停滞
互联网时代的宠儿
反面教材
CISCO SYSTEMS
人们对史蒂夫·乔布斯的评价也是一样。
天才
革命者
领袖
不成熟
偏执狂
评价的好坏往往是由他的业绩决定的。
太过分了！
干吗要那样说我！
还有这样一组实验……
将某分析工作交给多个小组完成，然后给每个小组的分析结果打分。
好
坏
A 小组
B 小组
然后让各个小组对自身的团队合作与内部交流等进行评价。
不出意外，成绩优良的小组对自己的评价都很高。
而成绩不佳的小组则对自身的评价很低。
成绩优良的小组
成绩不佳的小组
这证明了我们的实力。
我们的团队合作确实做得不错。
我们小组的沟通交流实在是太差了。
反省
但实际上成绩是随机分配给各个小组的。
什么？
开玩笑吧！
我不信！
太丢人了！
我就觉得奇怪嘛。
大吃一惊 第二季
与实际的分析能力没有任何关系。
即便如此，人们还是根据自己得到的结果对自身做出了过高或者过低的评价。
其实是真的。
什么？
其实是假的。
太好了！
大受打击。
大吃一惊 第三季
大吃一惊 第四季
你看我说的吧。

我们往往会认为业绩好的企业一切都好。
光环效应
这就是光环效应。
人类是容易因为结果而忽视过程的生物。
你好，我叫佐藤。
佐藤
而且对自己很宽容。
我对自己很宽容。
成功就认为是自己的功劳。
我们很努力，只有我们努力了。
佐藤
太棒了！
失败则是他人或者环境的原因。
都是你们的错，白痴！
特别是日本人，当组成一个团体的时候这种现象就更加明显。日本人对自己所属的团体十分热爱，因此对团体的评价也很宽容。
团体服务偏见。
大家一起
护送船团号
自己公司的新产品成功的话……
因为我们公司很优秀。
因为我们公司最厉害！
万岁！万岁！
庆祝一下吧!!
如果失败的话……
都怪竞争对手！
销售不行、顾客不行。
都怪日元汇率太高！环境不好。
这还会导致更进一步的后果。
比如过高评价成功经历。
骄傲自大
蠕动蠕动
佐藤
摩擦
摩擦
哎呀，果然我很了不起啊！连我自己都畏惧自己的才能。

人类认为过去与现在的联系（自己公司的努力与成功）是必然的，
骄傲
于是就会被结果（成功）蒙蔽双眼。
骄傲
骄傲
然后对自己（和公司）更加宽容，导致自我蒙蔽更加严重。
后期偏见
光环效应
自我服务偏见
成功
如果被「成功经验」束缚住，自身就难以发生改变，结果导致惨痛的失败。
成功
成功
福特、通用汽车和施乐都是如此。
成功
断
裂
究竟要怎样做才能避免失败呢？
嗖嗖嗖嗖嗖嗖嗖嗖
只要逆向思考「大失败的原因」就能够找到答案。
要想避免出现上述情况，只能通过自身的努力。
同时还需要有「应对现在而非未来」的战略。
大失败的原因
1. 认为过去与现在是必然的联系。
2. 被结果蒙蔽双眼。
3. 对自己（和公司）过于宽容。
所以
1. 不要从过去（成功）学习。
2. 不要只看结果（成功）。
3. 不要自己评价自己。
嗖嗖嗖嗖嗖
接住

我在《偶然的科学》中提示了具体的方法。
包括3个战略。
①开放式革新。
②亮点方法。
③现场的对比试验。
还没读过吗？
Everything Is Obvious
战略①：开放式革新
不依赖单独企业和组织的努力，大范围地招募参与者来解决问题的方法——
就是开放式革新。
请大家帮帮我！
咚咚咚咚
什么？!
太卑鄙了！
怪
最近悬赏解决特定问题的方法很常见。
多亏了你们帮忙。
这是谢礼。
我不服啊。
成功事例
“机器人汽车开发”“可重复使用的宇宙飞船”“推荐电影的算法开发”“恢复碎纸机粉碎的文件”。
美国国防部的国防高级研究计划局悬赏5万美元，寻找能够将碎纸机粉碎的5份文件恢复的人。
来自全世界的9000个团队参与了这项工作，比拼自己的创意与努力。
想要5万美元吗？
美国国防部悬赏比赛!!
哦哦哦哦
哦哦哦哦
嘿嘿嘿……被碎纸机切成1万片了。
我们要试试
这可是5万啊！
根本不可能！
晚上拿这些钱去喝酒好了。
完成了！
举手举手
你说什么！

结果一个来自旧金山的匿名团队只用了33天便完成了。
他们采用了最新的算法和人海战术以及最新的IT复合技术，完美地将所有文件都恢复了。
万岁！拿到了5万美元
人海战术？
可恶……下次不但要切碎，还要烧掉。
在游泳界风靡一时的SPEEDO的鲨鱼皮泳衣也是开放式革新的成果之一。
嗖嗖嗖嗖嗖嗖嗖嗖
该公司自身的AQUA实验室和澳大利亚的国家体育研究所合作以「速度」为最主要目标进行开发。
许多专家都参与了这项计划。
缝制：PETRATEX（葡萄牙）
又是世界纪录！
材料：MECTEX（意大利）
拉链：YKK（日本）
阻力测试：NASA（美国）
很多大企业都被开放式革新改变了发展方向。

宝洁公司从 2000 年开始就在网络上公开了自己的开发主题『联系与发展』。
向外界寻求好的技术和创意。
能钓到什么好创意呢？
P&G
如今宝洁公司推出的新产品和新服务中有 50% 都来源于此。
大量大量
技术
创意
创意
战略②：亮点方法
亮点方法最早诞生于营养学的现场。
世界上有许多贫困地区，
但不同地区的状况和造成贫困的原因也各不相同，必须分别对应。
给你棉被。
不，我很热！
美国塔夫茨大学
不管多么贫困的地区都有营养状况比较好的孩子。
可以根据当地的情况建立行之有效的营养改善方法。
玛丽安·泽特林
Marian Zeitlin

具体的做法是寻找能够实现「正偏差」的父母，向他们请教育儿经验，然后普及给其他家长。
这是我听邻居说的，请一定给孩子们吃吃看。
这个方法在各地都取得了巨大的成果，孩子们的营养状况得到了极大的改善。
太好了！
冲啊！
哈哈，我很有精神哦。
解决问题的办法就存在于现场的不断尝试之中。
与其说这是一种新方法，不如说是施乐发明的「基准化分析法」在社会问题上的应用。
基准化分析法（Benchmarking）
从其他部门或企业的优秀事例中学习目标和流程
罗伯特·坎普
（确立篇 158 页）
就是这个。
属于向公司内部（或者行业内部）的最佳实践学习。
战略③：现场的对比试验
「向现在而非过去学习」的最后手段就是「现场实验」，也就是试销与事业化测试等。
实时！
只要利用网络进行更大规模的「对比试验」就可以了。
丢弃
过去

比如……雅虎从用户中选出160万人，分别给他们看两种不同的广告来测试效果。
A
B
结果广告效果在短期就达到了成本的4倍以上。
咚
B的
4倍
但是这种效果只对上了年纪的人有效，而对40岁以下的用户则几乎没有效果。
哦哦！
了不起！
真的吗？
想要啊！
40岁的墙壁
即便没有这么大的规模，
或者没有网络也无所谓。
大学等机构进行的「社会实验」通过在现场的活动也取得了不少成果。
体制已经形成。
我们应该做的就是思考如何将这种体制与个人的行动或者组织结合起来。
「不向过去学习，集中现在的智慧，
然后「用实际行动来进行尝试而非预测和推测，就是社会学给出的解答。
通往未来
接下来就是行动

社会学家沃茨在《偶然的科学》中揭示：不要向历史学习，而应该从智慧和对比试验中学习

001

人类会被自己的成功体验蒙蔽双眼

- 我们以经营战略论 100 年漫长的“历史”为纽带，学习了经营战略的流程以及主要内容。但是这样做真的有意义吗?
- 社会学家邓肯·沃茨（Duncan Watts 1971—）在《偶然的科学》（2011）中提出，“不应该从历史中寻找‘答案’”。因为①人类习惯性认为过去与现在的联系是必然的；②被结果（成功）蒙蔽双眼（光环效应）；③对自己（和公司）过于宽容。结果就会被自己的“成功经验”蒙蔽双眼，对自己公司的强大过于自信，迟于改革或革新，最终导致巨大的失败。施乐、福特和通用汽车都是如此。

002

避免巨大失败的 3 个战略

- 东日本大地震一年后的 3 月 11 日，棋士羽生善治这样说道，“如今是非常难以预测未来的时代。如果用下棋来比喻的话，就是即便想推导出接下来 5 步或 10 步都十分困难。所以只能思考接下来要走的一步，然后根据对方的下法再进行思考”。
- 如果反过来看沃茨所说的“巨大失败的原因”，就能够找出避免巨大失败的方法。
  1. 认为过去与现在是必然的联系→不要从过去（成功）学习。
  2. 被结果蒙蔽双眼→不要只看结果（成功）。
  3. 对自己（和公司）过于宽容→不要自己评价自己。
- 他在《偶然的科学》中介绍了三个“应对现在而非未来”的战略。
- 战略①开放式革新，是不依赖单独企业和组织的努力，大范围地招募参与者来解决问题的方法。许多大企业（比如宝洁等）都经常使用这种方法，并且取得了惊人的成果。
- 战略②亮点方法，最早诞生于营养学的现场。美国塔夫茨大学的玛丽安·泽特林（Marian Zeitlin）发现，“不管多么贫困的地区都有营养状况比较好（正偏差）的孩子”，因此“可以根据当地的情况建立行之有效的营养改善方法”。具体的做法是寻找能够实现“正偏差”的父母，向他们请教育儿经验，然后普及给其他家长。这个方法在各地都取得了巨大的成果，孩子们的营养状况得到了极大的改善。
- 战略③现场的对比试验，就是“向现在而非过去学习”的“现场试验”，也就是试销和事业化测试等。沃茨强调了大规模现场试验以及“对比试验”（谷歌的 A/B 测试也属于此类）的价值。
- 上述这些体制已经形成，我们应该做的就是思考如何将这种体制与个人的行动或者组织结合起来。“不向过去学习，集中现在的智慧”然后“用实际行动来进行尝试而非预测和推测”，这就是社会学给出的解答。

利用“不断尝试的经营方法”突飞猛进

埃里克·施密特
拉里·佩奇

施密特

· 27 岁在加利福尼亚大学伯克利分校取得计算机科学博士学位。
· 28 岁入职 SUN 软件公司，后来成为首席技术官。
· 42 岁就任 Novell 的 CEO，使公司得到长足的进步。
· 46 岁就任谷歌 CEO，与佩奇和布林一起使谷歌的业绩飙升。
· 56 岁将 CEO 的职务让给佩奇，自己就任谷歌的董事长。

佩奇

· 6 岁开始玩电脑游戏。
· 22 岁在斯坦福大学与布林相遇，共同执笔与搜索引擎相关的论文。
· 25 岁与布林一起创立谷歌。3 年后聘请来施密特，自己担任产品负责人。
· 38 岁成为 CEO，开展自动驾驶汽车以及 AI 等项目。

2007年 谷歌
我要去帮奥巴马进行总统选举。
请允许我停职。
谷歌产品经理
丹·希洛克
Dan Siroker
（1983—）
为什么突然要走？
两周前奥巴马来我们公司进行演讲的时候不是说过吗？
我有件事想要拜托你们。
转身
我走了。
哎哎哎哎！
站起
请……
请等一下！

我想以事实和数据为基础来进行竞选，
所以需要诸位的帮助。
CHANGE
我被他的话吸引了。
还真是铁了心呢。
我还买了徽章呢
CHANGE
奥巴马
2008年，丹·希洛克停止了在谷歌的工作，加入奥巴马的竞选团队。
请交给我吧。
那就拜托你了！
CHANGE
负责网络宣传的希洛克制定了一系列的指标，用数字对措施的效果进行测量，并且谋求更进一步的改善。
啪嗒啪嗒啪嗒啪嗒啪嗒啪嗒啪嗒啪嗒啪嗒啪嗒啪嗒啪嗒
CHANGE
OBAMA LoVe
LOVE……
得出结果了！
网站的登录率增加了40%。
志愿者人数增加了30万人。
捐款提高了6000万美元。
邮箱地址增加了300万个。
了不起啊，希洛克！
简直就像魔法一样。
咚
CHANGE

颤抖颤抖
谷歌的「A/B 测试」发挥功效了。
好……好沉啊！
所谓 A/B 测试就是同时采用 A 与 B 两种方法进行比较，然后采用更好的一种方法。
B 披萨好吃
A 披萨不好吃
这原本是用来对 DM 和传单进行改善的方法。
通过互联网来进行 A/B 测试可以大幅降低成本而且更有效率。
B 方案
A 方案
准备多个在网站使用的图像和说明文字，
然后将不同的页面分别公开给不同的用户。
展翅高飞
B
A
在访问网站的用户中，只有百分之几的用户看到的是不同的版本（在他们不知情的情况下），然后判断哪个版本更好。
A 和 B 哪个更好？
点击！
嗯嗯，点击！
看起来 B 更好。
明白了。
根据点击数和转化率（购买或者填写申请）来进行判断。
2011 年谷歌大约进行了 7000 次 A/B 试验。
其实并没有用鸽子。
点击！
点击！
一年 7000 次，也就是说每天 20 次吗？
谷歌真是了不起啊。
是的。
因为「谷歌的使命就是对全世界的情报进行整理，并且让全世界的人都能够使用这些情报」。

为了实现这一目标，谷歌除了检索服务之外，还不断地推出了许多新服务。
Google
Gmail
YouTube
GoogleEarth
比如这些……
比如这些……
这些是我们每天都在使用的服务呢。
不愧是谷歌啊！
但也并不是所有服务都发展顺利。
可以定制的个人网站“iGoogle”关闭。
提供视频内容的检索和发布服务的“Google 视频”关闭。
在线笔记服务“Google Notebook”停止开发。
知识共享工具“Knol”因为不敌维基百科而停止运营。
社会服务“Google Buzz”因为不敌推特等被并入“Google+”。
真令人感到意外！竟然停止了这么多。
是不是采取的行动太多了，只要专心于检索服务就好了吧？
为什么谷歌不专注于『本业』？
而要去开发和收购那么多的IT服务项目，然后又停止服务呢？
这样做岂不是太浪费了……
这个问题还是直接去问施密特和佩奇吧。
请看下一页
CHANGE

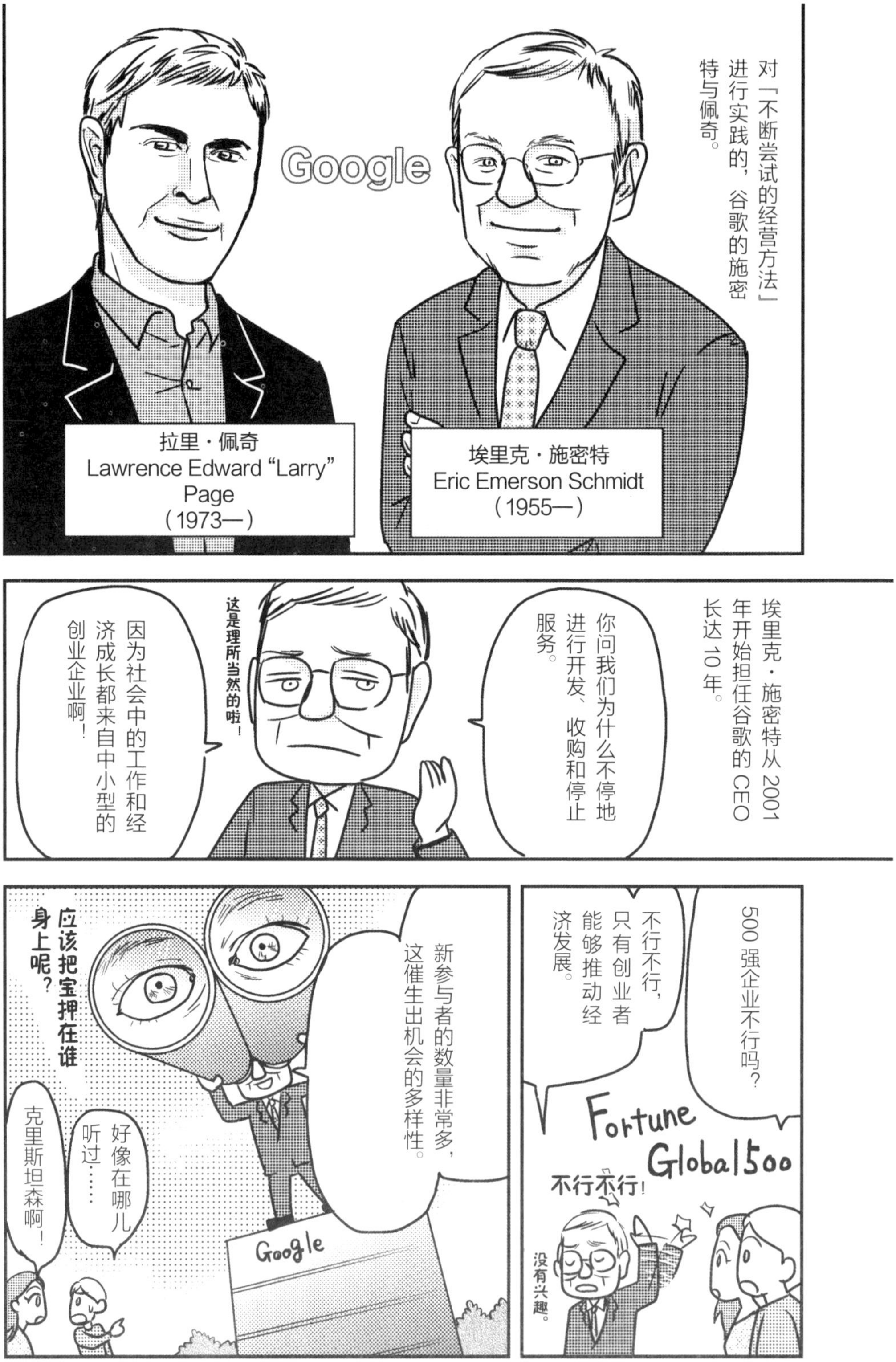

对「不断尝试的经营方法」进行实践的，谷歌的施密特与佩奇。
Google
拉里·佩奇
Lawrence Edward “Larry” Page
（1973—）
埃里克·施密特
Eric Emerson Schmidt
（1955—）
埃里克·施密特从 2001 年开始担任谷歌的 CEO 长达 10 年。
你问我们为什么不停地进行开发、收购和停止服务。
这是理所当然的啦！
因为社会中的工作和经济成长都来自中小型的创业企业啊！
500 强企业不行吗？
不行不行，只有创业者能够推动经济发展。
Fortune Global500
不行不行！
没有兴趣。
新参与者的数量非常多，这催生出机会的多样性。
应该把宝押在谁身上呢？
Google
好像在哪儿听过……
克里斯坦森啊！

这与克里斯坦森的主张相同。
新技术和新体制都诞生于距此很远的地方。
啪
看不见了。
哎呀！
吃惊。
好运。
颠覆整个业界的『破坏性的革新』正在遥远的地方悄悄地发展着（参考84页）。
谷歌拥有大量的资金，以及敢于积极地进行各种尝试的领导力。创业者之一，现任CEO的佩奇这样说道。
咚
不要害怕失败，但失败一定要趁早。
咚
满意
刚才我看起来很帅吧？
真的吗？
太好了！
收购收购。
开发开发。
……
佩奇从2011年秋开始只用了两年时间就关停了大约30种商品和服务，企图将经营资源集中化。
什么？完全卖不出去？
那就赶紧停止，停止！
去全世界寻找宝贝。
你们做事能不能有个限度？

有一个理解你们的上司真好啊！
哎，你是谁？
收购，收购！
喂喂，给我仔细调查一下啊！
你们
亚马逊的林登。
格雷格·林登
Greg Linden
在亚马逊购物的时候，最后确认购物车商品的时候不是会显示推荐商品吗？那个就是我做的。
“购买青蛙的顾客还购买了”小计：¥1555
因为人们经常冲动购物啊？
是的，可就是这么好的创意，最初却并没有被上司所接受。
我连演示样本都做好了，可他们却连测试都不让我做。
怎么样不错吧？
不行！
NO
既然如此我不需要上司的许可自己做。
气死我了！
喂喂……这样真的没问题吗？
所以我最讨厌那些不懂得变通的人。
你知道吗，等我取得成果之后所有人都会闭嘴！
好可怕！
嘿嘿嘿嘿嘿嘿

愤怒的林登自作主张地进行了A/B测试。
咚咚咚
请看！
没有推荐
普通
有推荐
销售额UP
还有什么话想说吗？
咚
咚
咚
没……没有了。
当他证明推荐功能给亚马逊带来巨大的收益之后，反对的声音一下子全都消失了。
在A/B测试的结果数据面前，所有人都是平等的。
我将这种通过数据的力量『不用考虑上下级关系』的方式称为『数据民主主义』。
B
A
CHANGE
不必非要征求顽固上司的许可，也不必事前得到所有人的同意，
更不用拼命地说服顾客。
以数据民主主义为基础的『不断尝试的经营方法』已经开始了。
B
破坏
破坏
这……这就是民主主义吗？

谷歌的施密特与佩奇的“不断尝试的经营方法”

001

每年进行 7000 次的尝试改变了谷歌

- 所谓 A/B 测试就是同时采用 A 与 B 两种方法进行比较，然后采用更好的一种方法，这原本是用来对 DM 和传单进行改善的方法，用来确定“哪一种宣传的回报率更高”。
- 通过互联网来进行 A/B 测试可以大幅降低成本而且更有效率。比如准备多个在网站使用的图像和说明文字，在访问网站的用户中，只有百分之几的用户看到的是不同的版本（在他们不知情的情况下），然后根据点击数和转化率（购买或者填写申请）来判断哪个版本更好。据说仅在 2011 年，谷歌就大约进行了 7000 次 A/B 试验。

002

谷歌庞大的“不断尝试的经营方法”

- 谷歌的使命是“对全世界的情报进行整理，并且让全世界的人都能够使用这些情报”。因为“情报”的地位是不变的，所以必须不断导入新服务。“Blogger”（博客），“Picasa”（图像保存与分享），“Gmail”（电子邮箱），“Google 地图”（地图），“Google Earth”（卫星图像），2006 年谷歌还投入 16.5 亿美元收购了“YouTube”，这些都成为谷歌盈利的关键。但事情并非是一帆风顺的。可以定制的个人网站“iGoogle”关闭，提供视频内容的检索和发布服务的“Google 视频”关闭，在线笔记服务“Google Notebook”停止开发，知识共享工具“Knol”因为不敌维基百科而停止运营，社会服务“Google Buzz”因为不敌推特等被并入“Google+”。
- 从 2001 年开始担任谷歌的 CEO 长达 10 年的埃里克·施密特（Eric Emerson Schmidt 1955—）这样说道，“社会中的工作和经济成长都来自中小型的创业企业”。为了进行革新，必须不断地进行尝试。谷歌的创始人，现任 CEO 拉里·佩奇（Larry Page 1973—）也提出“不要害怕失败，但失败一定要趁早”，认为应该快速地进行尝试。

003

“数据民主主义”：事前不必讨论，一切由结果决定

- 在亚马逊购物的时候，在确认购物车货品之前都会出现一条“购买 ×× 的顾客还购买了”的推荐信息。这是抓住顾客在付款前的冲动购物心理。提出这一建议的格雷格·林登（Greg Linden）在当时却遭到了上司的彻底否定。尽管他连演示样本都做好了，可却连测试都做不了。于是愤怒的林登自作主张地进行了 A/B 试验，当他证明推荐功能给亚马逊带来巨大的收益之后，反对的声音一下子全都消失了。
- 给奥巴马的选举活动提供了大力支持的丹·希洛克（Dan Siroker 1983—）将这种通过数据的力量“不用考虑上下级关系”的方式称为“数据民主主义”。在 A/B 测试的结果数据面前，所有人都是平等的。只要拿出选项，然后分别进行测试即可。人们不必非要征求顽固上司的许可，也不必事前得到所有人的同意，更不用拼命地说服顾客。以数据民主主义为基础的“不断尝试的经营方法”已经开始了。

IDEO 的“设计思考”

蒂姆·布朗

- 25 岁毕业于英国皇家艺术学院，入职 IDEO 的前身。
- 39 岁成为 CEO。
- IT 泡沫崩溃后凭借“设计思考”让公司渡过难关。

通过高效的实验创造出「设计思考」的IDEO的布朗。
蒂姆·布朗
Tim Brown
（1962—）
1991年，3家设计公司合并成为IDEO。
公司的核心成员是斯坦福大学的教授大卫·凯利与他的弟弟汤姆·凯利以及蒂姆·布朗。
大卫·凯利
David M.Kelley
（1951—）
汤姆·凯利
Tom Kelley
（1955—）
IDEO发明的产品开发方法「设计思考」的特点就是「循环流程」。
啪
要想找到好的解决办法，就只能以用户为中心不断进行尝试。
所以我们召集了许多T型和π型的人才。
咚
T型
一专多能，善于交流
π型
比T型还多了解一个专业
然后不断地制作样品。
啪啪啪

总之就是要敢于尝试。
加油！
……
……
……
由于过程非常灵活，而且要不断重复，一旦搞不好就会浪费很多时间。
那么我来做。
不，我来做！
应该我来！
你做你做。
喂！
……
IDEO给设计思考制定了5个基本的循环步骤。
『设计思考』的循环步骤
EDIPT
理解·共鸣 Empathy
问题定义 Define
提出创意 Ideate
制作 Prototype
测试 Test
用户
这个循环要一直持续到找到好的解决办法为止。
这是用户的反馈。
嗯……不怎么好啊。
大卫，不要推我。
绝对不要推我！
哎……
听到了吗，不要推我！
咚
我推！
哇啊！

咔嗒咔嗒咔嗒咔嗒
哎呀！
啊啊啊啊啊！
请再做一次吧。
这就是我们的做法。
原来如此！
还要尝试多少次啊……
期待你下次的挑战哦。
接下来让我们具体看一看设计思考的过程。
EDIPT
E
首先选择目标用户，对其进行深入的采访和观察。
平时洗澡的时候首先从什么地方开始洗？
脚踝。
为什么？
主要掌握这个人的个人情况和行动。
顾客购买商品的原因有很多，如果不能够与顾客形成共鸣就很难想出好的创意。
哎……乌龟？
为什么？
乌龟。
D
I
定义问题之后寻找解决问题的创意。
大家一起来。
想一想吧。
P
T
然后制作出样品来进行测试。
大概就是这样。
这是什么……

特别是样品，是能够应用于任何步骤的最强的「思考」工具。
在设计思考之中，使用样品来帮助理解和思考创意，然后从中选出最合适的解决方案提供给用户。
样品
样品
样品
这个怎么样？
哇！
好棒！
不过……
紧张
有些难用。
返工重做！
握拳
不是吧……都做了多少次了……
失落
让我们更加具体地来看一看重视「观察」的「无印良品」的商品开发。
「无印良品」的新商品开发由商品部的MD※、设计室以及品质保证部三位一体地合作完成。
无印良品的情况下。
商品部的 MD
设计室
品质保证部
※Merchandiser。
在某个收纳项目中原本打算制作一个兼具椅子和收纳功能的家具，但是顾客却发出了不同的声音。
我们想要收纳空间！
但是我们已经没有多余的地方摆更多的家具了。
确实在看了顾客房间内部的照片后，
发现已经没有摆新家具的地方了。
仔细观察
但现在说放弃还为时尚早。
开发新商品时必不可少的工具之一就是「照片」。
有一个地方是空着的！
哎……

那就是墙壁。
咚
每个顾客的室内照片上都用横木板条作为「收纳家具」使用。
墙壁还空着！
哦哦真的！这是盲点啊。
于是大热门系列商品「挂在墙壁上的家具」诞生了。
我们就想要这样的东西。
不要问「想要什么样的收纳家具」，
而是思考「什么样的家具能够作为收纳用具实际应用」。
通过对「什么东西不方便」进行观察，就可以创作出这样的作品。
观察与发现！这就是几年来颇受关注的「商业观察」方法。

IDEO 拥有压倒性的样品制作能力。
有一次 IDEO 与世界著名的手术仪器生产厂商 Gyrus 合作，发明了一个新型的手术工具。
主要用于治疗『慢性副鼻窦炎』。
慢性副鼻窦炎※
由副鼻窦的炎症引发的疾病。
※ 俗称蓄脓症
面对 Gyrus 的专业医师，IDEO 也陷入了一场苦战。IDEO 的设计师们在比以往都更加严肃的气氛中进行着讨论。
这个怎么样？
不是这样的，
应该这样。
比比画画
大家都反复地用身体语言和手势来描述新创意，讨论没有丝毫的进展。
那是这样吗？
也不是那样。
我知道了。
喂……喂！
5 分钟后
是不是这种感觉？
啪
啊！
……
……
……
嗯

对，就是这样！
我就是想要这种感觉的东西。
他们用白板马克笔和塑料夹子做成了一个好像玩具枪一样的东西。
结果新工具的构想一下子变得非常顺利，最终制造出了名为「DIEGO」的产品。
样品制作只花了5分钟的时间，
成本只有300日元。
将大家脑海中的概念实现出来，就是样品的作用。
思考
思考
思考
思考
这种感觉……
当「大胆地制作粗加工的样品」的风气遍布整个公司的时候，
公司就能够诞生出更多具体的创意。

但商品最终销量如何却无法保证。
新商品都被退回来了。
哎哎哎！
明明是我们那么拼命地想出的创意。
骨碌骨碌骨碌
为了控制成本，需要选择特定的区域来进行试销，格里高的百奇就是最著名的例子。
最近更大规模的「社会实验」变得兴盛起来。
要想改变社会体制，不但需要消耗大量的成本还要承担极大的风险，一旦失败后果不堪设想。
所以只能选择实验。
20世纪90年代肯尼亚
想要提高学生们的学力……
在这里进行了3个「初等教育支援」的社会实验。
最初是向学校发放教科书。
咚
但是发放教科书的学校和没发放教科书的学校之间的教育效果并没有出现明显的差距。
失败了。
然后是发放上课时用的挂图。
虽然这一举措符合教师们的诉求，应该能够提高学生们的学习效率，但结果却还是失败了。
看不清。
太远了吗？
这个也失败了。

最后是发放驱虫药。
驱虫药能够提高学习成绩？
别开玩笑了！
强力驱虫
结果大成功！
学生们的学习成绩提高了。
你说什么？
我倒
学生们身体健康后缺席率下降了25%，学习成绩也随之提高。不仅如此，孩子们的身高也有所上升。
缺席率
减少 25%
服用前
服用后
儿童的身高
哈哈哈！吃了驱虫药之后
我很受欢迎啊！
服用前
服用后
因为试验经费有限，所以驱虫药是对25所学校随机进行发放，也因此获得了非常完美的对比试验数据。
如今世界上有许多「d.school」专门教授这种设计思考。
大卫·凯利首先在斯坦福大学开设了这一课程。
为什么是「d」打头？
因为我想颠覆那些光说不做的「B-school」(MBA)。
所以用设计的首字母d打头。
您讨厌MBA吗？
非常讨厌。
因为他们光说不做，起不到任何作用。

与理论思考相比，「d.school」更重视创意思维，与纸上谈兵相比，更重视样品与验证。
所以「d.school」可以说是对设计思考的基本进行实践学习的「场所」。
如今很多商学院都吸取了设计思考的精华开设了类似的课程。
我们对设计思考的执着得到了世人的理解。
那么从今往后……
跳
今后会是d渗透B，
还是B吞并d呢？
我不听……
哈哈
那要试试看才知道！
凯利兄弟与布朗的「d和B」的挑战仍将继续。

IDEO 的布朗与凯利兄弟提出的“大胆进行高效试验”的设计思考战略

001

“设计思考”的关键是“人才”与“流程”

- 1991 年，由 3 家设计公司合并而成的 IDEO 诞生了。公司的核心成员是斯坦福大学的教授大卫·凯利（David M.Kelley 1951—）与他的弟弟汤姆·凯利（Tom Kelley 1955—）以及蒂姆·布朗（Tim Brown1962—）。他们在 20 世纪 80 年代开创的产品开发方法“设计思考（Design Thinking）”的特点就是“不断尝试”和“循环流程（EDIPT）”。
- 在“要想找到好的解决办法，就只能以用户为中心不断进行尝试”的“哲学”下，他们召集了许多 T 型（一专多能，善于交流）和 π 型（比 T 型人才多一个专业）的人才，不断地制作出大量的样品。理解·共鸣 Empathy、问题定义 Define、提出创意 Ideate、制作 Prototype、测试 Test 的流程，在找到好的解决办法之前将会不断地循环。

002

通过“观察”获得理解与共鸣是最初的一步：无印良品

- “无印良品”广为人知的良品计划的新商品开发，是从“照片”开始的。他们会看所有类似品、竞争品、畅销品的照片，以及顾客家里的照片。通过对这些照片进行观察，找出哪些地方存在问题，什么地方存在答案。
- 某个收纳项目最初打算设计一个椅子兼收纳用的家具。但是顾客的家里已经没有多余的空间来摆放新家具了。不，准确地说是只剩下唯一的空间，那就是墙壁。比如通过照片可以发现，几乎每户家庭都在用横木板条作为收纳家具使用。于是大热门系列“挂在墙壁上的家具”就这样诞生了。

003

解除“样品”的限制

- IDEO 拥有压倒性的样品制作能力，这不只是因为他们拥有由专业的设备以及专家构成的“组织样品制作能力”，还因为即便一个人也能够简单地做出样品。
- 在与专业医生一起合作开发“慢性副鼻窦炎”用的手术工具时，一个好像玩具枪一样的样品打破了僵局。IDEO 的年轻人只用了 5 分钟就做出了这样一个样品。结果专业医生们异口同声地说“我们想要的就是这样的东西”。新工具的构想一下子变得非常顺利，最终制造出了名为“DIEGO”的产品。这个形状独特的手术工具如今已经成为业界的标准。
- 汤姆·凯利曾经这样说道，“当大胆地制作粗加工样品的风气遍布整个公司的时候，公司就能够诞生更多具体的创意”。

004

d.school 开拓未来

- 如今世界上有许多“d.school”专门教授这种设计思考。因为对“光说不做，完全派不上一点用场”的“B-school”（MBA）深恶痛绝，大卫·凯利最先在斯坦福大学开设了这一课程，“d.school”可以说是对设计思考的基本进行实践学习的“场所”，与理论思考相比，“d.school”更重视创意思维，与纸上谈兵相比，更重视样品与验证。如今很多商学院也吸取了设计思考的精华开设了类似的课程。
- 今后会是 d 渗透 B，还是 B 吞并 d 呢？凯利兄弟与布朗的“d 和 B”的挑战仍将继续。

提出“精益创业”的 **史蒂夫·布兰克**和 **埃里克·莱斯**

布兰克

· 大学退学后进入迈阿密机场工作。

· 在帕洛阿尔托（后来的硅谷）从事高科技相关的创业活动，4 次成功上市。

· 53 岁出版《四步创业法》，在多所大学进行讲座。

莱斯

· 22 岁在耶鲁大学学习计算机科学。

· 23 岁在硅谷就职，3 年后凭借 IMVU 创业，与布兰克相遇。

· 29 岁开发出“精益创业”，两年后出版成为畅销书。

通过实践创造出「精益创业」的莱斯与他的老师布兰克。
史蒂夫·布兰克
Steve Blank
（1953—）
埃里克·莱斯
Eric Ries
（1979—）
史蒂夫·布兰克是参与过8家公司的创业，并且成功地使其中4家公司上市的魔术师。
看我的！
上市
上市
上市
上市
上市
让我来为大家揭开奇迹的奥秘。
开始了，开始了！
嘎啦嘎啦
创业
太好了，我们公司也想上市。
咚
创业讲座
请看！
这就是由4个步骤17个阶段以及64个项目组成的「顾客开发」模型。
Customer Development
4个步骤
①客户发现（分析发现）
②客户验证（销售验证）
③客户开拓（区域验证）
④组织构筑（正式扩张）
创业
如果②失败了，那就通过「轨道修正」回到①。
轨道修正
顾客发现
顾客验证
X
完了！
哎……只有这些？
只有这些。

顺便说一下，创业只需要两个团队。
一个是商品开发，一个是顾客开发。
创业讲座
商品开发
顾客开发
市场调研呢？
不需要。
销售呢？
不需要。
人事部呢？
不需要。
商品开发
顾客开发
总感觉……不太靠谱呢……
确实不放心。
很多创业者都为了实现「商业创意」而急于进行商品开发。
结果却没有顾客。
惊讶
详细内容请看我写的《创业者手册》。
买吧！
买吧！
The Four Steps to the Epiphany
买到即赚到
大甩卖
商品开发
顾客开发
我买！
请给我！
我要买！
他以西海岸的大学和为创业者提供支援的NPO为中心推广这一概念。
斯坦福大学
加利福尼亚大学伯克利分校
加利福尼亚大学
嘿嘿嘿，今天也卖出去不少啊！
嘎啦嘎啦
完了

布兰克最得意的门生，当属埃里克·莱斯。
咚咚咚
哎呀，过奖了！
莱斯在耶鲁大学念书的时候，就尝试进行创业，但以失败告终。
啪嗒
创业失败
哎呀！
毕业后他来到创业者的大本营——硅谷。
结果再次创业失败。
啪嗒
再次创业失败
哎呀！
！
伸手
2004 年，他遇到了布兰克。
你没事吧？
简直就是命运的邂逅。
莱斯参与了以创建 3D 的 SNS 为目标的 IMVU 的创业活动。布兰克作为风险投资人提供了资金，但也提出了一个条件。
必须有至少一名干部参加我的『顾客开发』讲座。
让我去吧！
被选上的就是 CTO※莱斯。
啊哈哈哈哈哈！
啊哈哈哈哈哈！
唰唰

※ 首席技术官

商品开发与顾客开发。
商品开发
顾客开发
跟我说，'轨道修正。'
轨道修正
这些东西……我之前从没有想到过。
了不起！
我要去买书来看！
感谢惠顾！
莱斯将自己从布兰克那里学来的知识应用在IMVU之中。
看看这本书吧。
为了确认新版的商品是否抓住了正确的客户，他反复使用谷歌广告关键词等方法进行尝试。
布兰克先生，请等一下！
タッ
我把您教给我的内容进行了扩展，将丰田创造的『精益生产方式』导入创业管理之中。
其核心理念就是『不制作没用的东西』。
原来如此，可以仔细说给我听听吗？
好的。
比如工程师都习惯『碰到不明白的地方就做一下试试』，
结果总是在编写那些无用的程序。
你在干什么？
不知道。
啪嗒啪嗒啪
嗒啪嗒
不管他们的编程速度有多快，但如果无法对成果进行验证，那就等于是在做无用功。

Not Just doit
「想做就做（Just do it）」的精神会使公司崩溃。
因为之前一直都是这样。
不能给顾客提供价值的东西都是无用的。
不能进行验证的东西也是无用的，不能学习的东西还是无用的，一切都是无用的。
无用无用无用无用无用无用无用无用无用无用无用无用
看来从失败经验中学到了不少啊！
不愧是莱斯，你的想法非常好，这次你一定能够成功。
这是能够成功的魔法帽，拿去吧。
真的送给我了吗？太好了！
非常感谢。
最小化可行产品
（Minimum Viable Product）
莱斯将这个假设验证循环称为「构筑、测量、学习」循环，将为了进行验证而制作的样品称为MVP。
构筑
Build
测量
Measure
学习
Learn
大家听我说，只对需要验证的商品进行最低程度的变更。
不要做无用功。
你那身打扮是怎么回事？
你们都不愿意将「半成品」展现给别人看。
结果就是做了很多无用功。
不但做不了对比试验，还浪费大量的时间和精力。

更进一步说，MVP甚至不需要成为产品。
哎……
只要能够验证假设，哪怕只有一个画面，其他内容完全手动操作也无所谓。
明白了吗？
通过手动操作消除无用功
扔掉
无用功
无用功
无用功
扔掉
哎呀呀呀呀！
莱斯在IMVU中让「构筑、测量、学习」的循环非常迅速地旋转，
最多的时候一天就有50次。
消灭无用功
IMVU在莱斯的精益管理下不断进行变革，终于在2006年成功地筹集到了1900万美元的资金。
布兰克在「顾客开发」中提倡轨道修正，
莱斯则将其引入整个管理之中。
管理
轨道修正
顾客开发
咚
你将轨道修正应用到管理上了吗？
从常识上来说愿景是很少改变的吧？
一般来说或许是那样……
管理
轨道修正
顾客开发
但我认为要想实现目标，灵活地改变战略也无所谓。
甚至是必须改变。
什么……

轨道修正
轨道修正
管理
但正如布兰克先生教过我的那样，如果两条腿一起动，那很容易摔倒。
所以需要一条腿保持重心，另一条腿来尝试改变。
看来你已经完全明白了。
轨道修正
轨道修正
他在干什么？
大概只有他们师徒二人明白吧。
2009年创业的主力商品——公司内部SNS「SKIP」就经历过两次轨道修正。
公司内部 SNS
SKIP
加油啊！
哦哦哦哦哦
·“顾客与销售方法”分别是中小企业与在线销售。
·“商品”是单用户租赁的定额制。
但是挨家挨户地去中小企业推销浪费大量的成本。
打扰了，需要SNS吗？
我们公司总共才两个人。
而模仿美国类似产品的战略却几乎卖不出去。
在线销售也不行吗……
失落
可恶，本以为没问题的。
于是他们进行了第一次轨道修正。
还没结束！
轨道修正
轨道修正
他们没有改变「商品」而是将「顾客与销售方法」更改为面向大企业的咨询对应型销售方法。
中小企业
在线销售
大企业对应型销售
销量不错啊！
成功了！
但因为是定额制，所以利润不高。

接着他们进行了第二次轨道修正。
我们不会输的！
轨道修正
轨道修正
这次没有改变『顾客与销售方法』，而是改变了『商品』。
采用了多用户按量付费。
单用户租赁的定额
多用户按量付费
这样一来，SKIP终于成了公司的盈利支柱。
太好了！成功了！
SonicGarden
他走步犯规了。
竞争对手
这毕竟是商业故事。
在莱斯所著的《精益创业》（2011）之中提出：
·战略应该不断改善，直到臻于完美都不要进行决战。
·工作应该只集中在能够提高价值和进行验证的方面上。
·使用MVP高速地进行改善与验证。
THE LEAN STARTUP
ERIC RIES
利用这种方法，可以使革新的成功率大幅提高。
不管对创业者还是对大企业的新事业来说都一样。
大家一起来！
轨道修正
轨道修正
要不要听一听魔术师和他最得意门生的建议呢？

布兰克与莱斯从实践创造出来的“精益创业”

001

布兰克指出，创业成功的关键在于“顾客开发”

- 史蒂夫·布兰克（Steve Blank 1953—）在他的职业经历中曾经参与过 8 家公司的创业，并且成功地使其中 4 家公司上市。一般情况下软件公司的上市率只有 1%，如果是与互联网相关的话概率则更低。但他却成功了 4 次。
- 布兰克公开了他取得成功的秘密。那就是由 4 个步骤 17 个阶段以及 64 个项目组成的“顾客开发”模型。他在《四步创业法》（2005）中提出了①客户发现（分析发现）、②客户验证（销售验证）、③客户开拓（区域验证）、④组织构筑（正式扩张）这四个步骤，如果②失败了的话就通过“轨道修正”回到①。布兰克认为“创业只需要两个团队，一个是商品开发，一个是顾客开发。市场调研、销售和实业开发都不需要”。创业者和 CEO 应该把注意力都集中在这两方面。
- 他的得意弟子埃里克·莱斯（Eric Ries 1979—）将他的主张又进一步发展。

002

消除“无用功”！埃里克·莱斯的“精益创业”

- 创业企业最大的经营资源就是工程师的时间，但莱斯认为工程师的时间都被浪费掉了。“不要只做不能给顾客提供价值和不能进行成果验证的东西”“只制作能够验证的最小化可行产品（MVP）[※1]”。
- 莱斯将他的这种想法实践在他参与创业的 3D SNS“IMVU”上。他让“构筑、测量、学习”的循环非常迅速地旋转，最多的时候一天就连续投入 50 个新版本。IMVU 在莱斯的“精益管理”之下，不断地重复变革，终于在 2006 年成功地筹集到了 1900 万美元的资金[※2]。
- 布兰克在“顾客开发”中提倡轨道修正，莱斯则将其引入整个管理之中。莱斯认为即便无法改变愿景，但为了将其实现，灵活地改变战略是无可厚非的。甚至可以说必须做出改变。2009 年创业的 SonicGarden 的主力商品——公司内部 SNS“SKIP”，就经历过两次轨道修正。通过改变“顾客与销售方法”以及改变“商品”，“SKIP”终于成为公司的盈利支柱。
- 莱斯所写的《精益创业》（2011）在副标题中有 Continuous Innovation（动态连续创新）的字样。这不管对创业者还是对大企业的新事业来说都一样。魔术师和他最得意门生的建议，大家要不要认真地思考一下呢？

※1 Minimum Viable Product。

※2 截止到 2016 年，IMVU 的用户数量累积达到 1 亿 5000 万人。

提倡“适应性战略”的

马丁·里维斯

· 曾经在剑桥大学、克兰菲尔德大学、东京大学和大阪大学学习。

· 在阿斯利康制药公司工作后，进入波士顿咨询公司在伦敦和东京等地工作。

· 47 岁成为波士顿咨询公司合伙人。

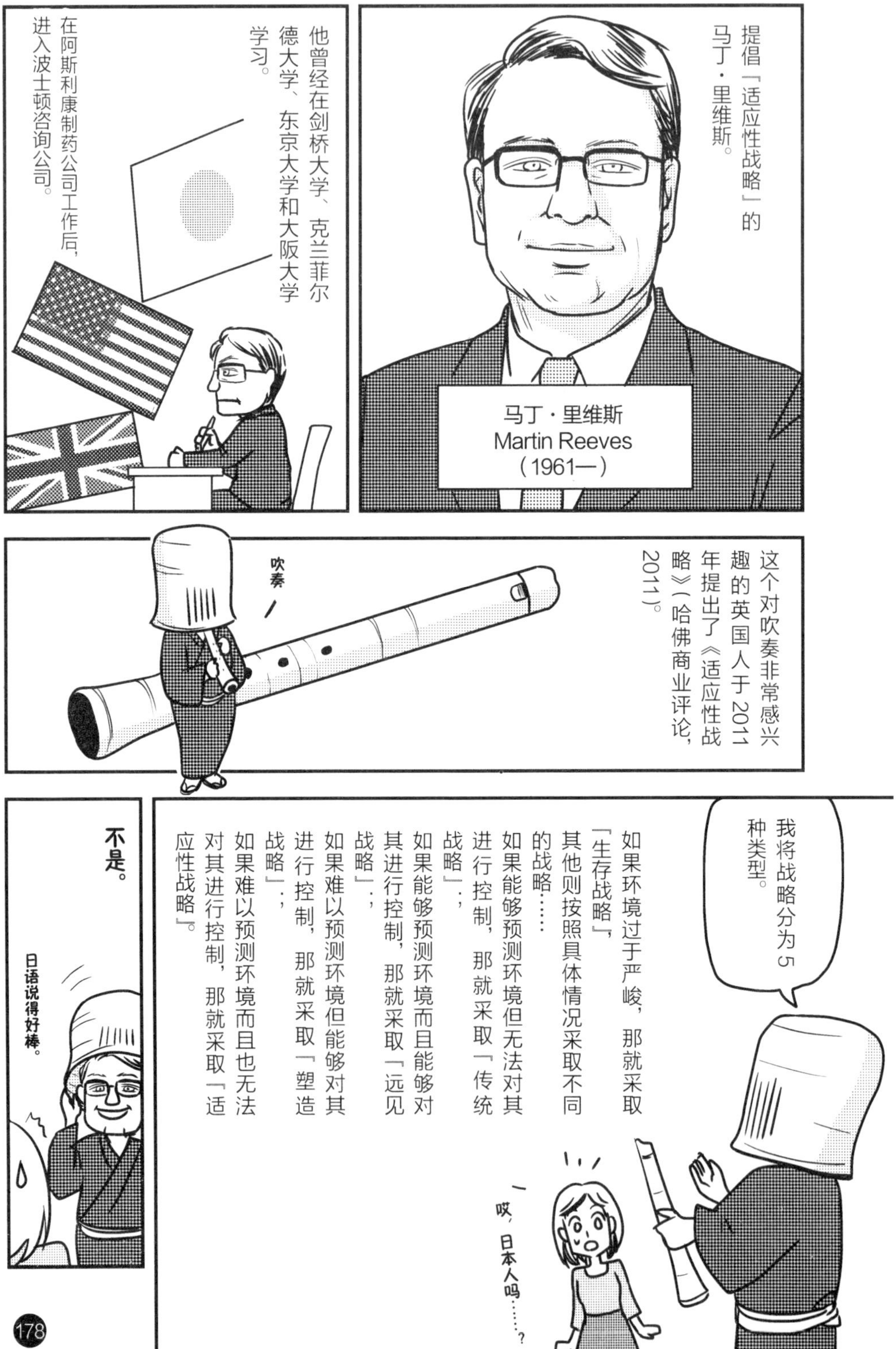
提倡「适应性战略」的
马丁·里维斯。
马丁·里维斯
Martin Reeves
（1961—）
他曾经在剑桥大学、克兰菲尔德大学、东京大学和大阪大学学习。
在阿斯利康制药公司工作后，进入波士顿咨询公司。
这个对吹奏非常感兴趣的英国人于2011年提出了《适应性战略》（哈佛商业评论，2011）。
吹奏
我将战略分为5种类型。
如果环境过于严峻，那就采取「生存战略」，其他则按照具体情况采取不同的战略……
如果能够预测环境但无法对其进行控制，那就采取「传统战略」；
如果能够预测环境而且能够对其进行控制，那就采取「远见战略」；
如果难以预测环境但能够对其进行控制，那就采取「塑造战略」；
如果难以预测环境而且也无法对其进行控制，那就采取「适应性战略」。
欸，日本人吗……？
不是。
日语说得好棒。

像这样以「控制的可能性」为轴的做法很新颖吧。
"Malleability"控制的可能性
企业对事业环境……
控制
可能
or
不可能
Malleability 的意思是「有延展性、可塑性」，在这里指代的含义是「是否能够改变对象的形状」。
在此之前，一直用「竞争上的定位」和「相对市场份额」来表示自己公司与环境的关系。
是的，但现在我们以自己公司是否能够改变环境，作为事业环境分类的轴心。
首先要判断自己公司在这5种分类的什么位置。
然后分析今后公司会变换到什么位置，根据这些判断来制定战略。
波士顿咨询公司的事业环境5种分类
低 环境预测的可能性 高
适应性
塑造
传统
远见
生存
环境的严峻性
低 企业行动对环境的影响力 高
※出处：波士顿咨询公司分析
可以具体地说明一下吗？
没问题。
吹奏～
比如网络系企业一直采取的都是「塑造战略」。
如果难以预测环境但能够对其进行控制，那就采取"塑造战略"。
虽然很难预测技术的进化，但通过相互之间的交涉（规格统一），那么还是可以控制将来的环境。
大家一起上！
咚咚咚咚咚咚

不过需要注意的是，根据对象区域的不同，事业环境也会有所变化。
发达国家
新兴国家
比如在新兴国家市场，「预测会更加困难，但控制的可能性也更高」。
「适应性战略」是对难以预测的事业环境变化做出迅速的对应，并且以此作为「竞争力的源泉」。
如果难以预测环境而且也无法对其进行控制，那就采取“适应性战略”。
低 环境预测的可能性 高
适应性
塑造
传统
远见
低 企业行动对环境的影响力 高
※ 出处：波士顿咨询公司分析
像专卖零售业和时装销售等，对环境难以预测而且也无法对其进行控制的行业，
只能采取「适应性战略」。
要想执行适应性战略，必须拥有「进行实验的能力」。
宝洁公司就在网络和电脑上创造出了一个3D的虚拟空间，
在这个虚拟空间中可以对商品进行设计以及做出评价。
果然还是这身打扮最好！
哇！
VR
真有趣！
还可以让真实的用户来进行虚拟的「A/B 测试」（参考148页）。
据说进行过大约1万次的测试。
A
B
感觉怎么样？
这个嘛……
我觉得B更好。

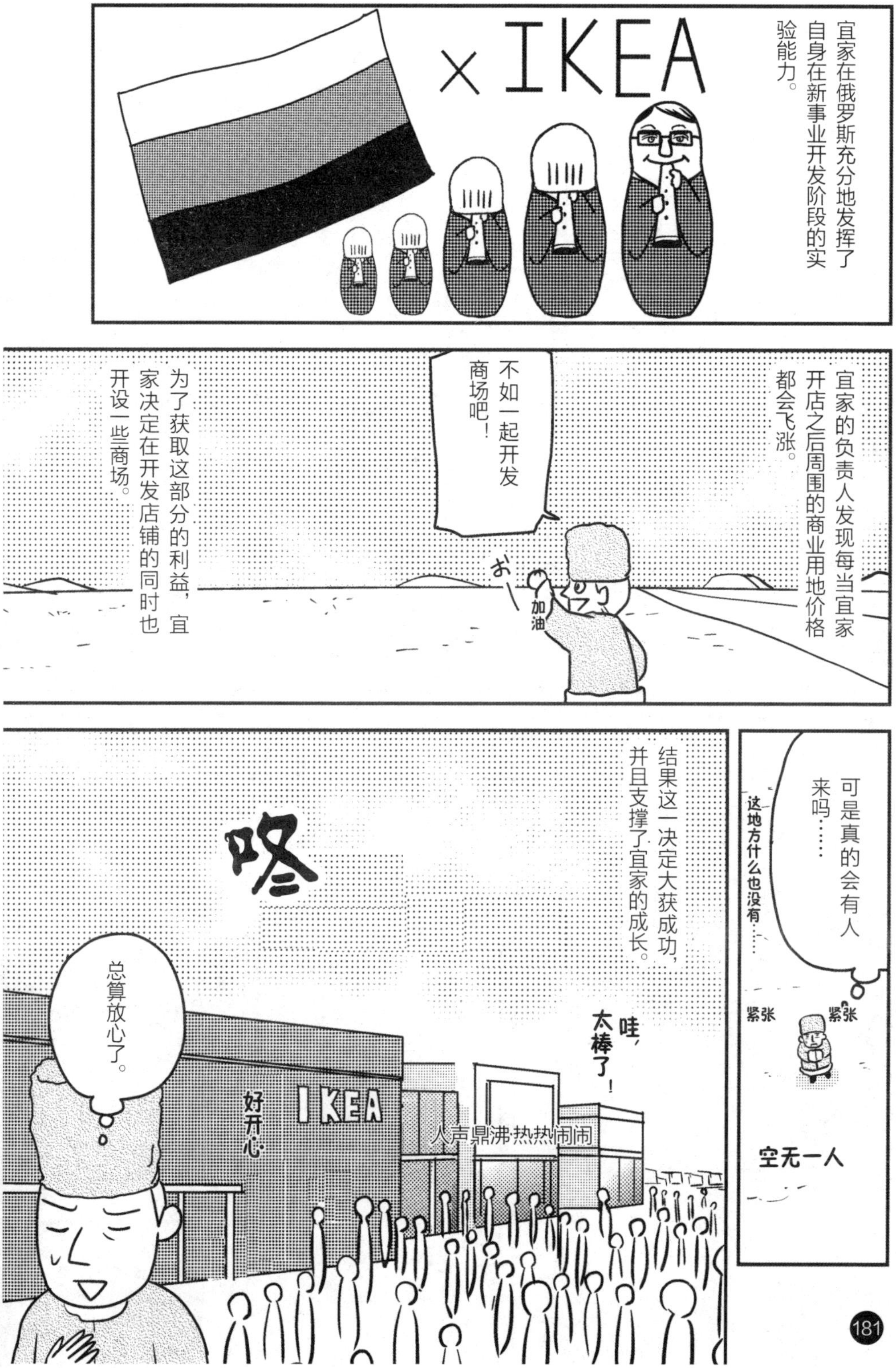
×IKEA
宜家在俄罗斯充分地发挥了自身在新事业开发阶段的实验能力。
宜家的负责人发现每当宜家开店之后周围的商业用地价格都会飞涨。
不如一起开发商场吧！
おー
加油
为了获取这部分的利益，宜家决定在开发店铺的同时也开设一些商场。
可是真的会有人来吗……
这地方什么也没有……
紧张
紧张
空无一人
结果这一决定大获成功，并且支撑了宜家的成长。
咚
哇，太棒了！
总算放心了。
好开心
IKEA
人声鼎沸·热热闹闹

还有一个适应性战略的具体例子。
狂风暴雨
凭借面向个人的税务申报软件和资产管理软件占据了压倒性市场份额的美国财捷集团（Intuit），也曾经经历了许多风浪。
财捷集团是为数不多的能够从电脑诞生初期一直存活到现在的公司之一。
财捷号
1983年，当时还是宝洁公司员工的斯科特·库克，为了创业而寻找技术人员加入。
P&G
谁是合适的人选呢？
技术
技术
嗒嗒嗒嗒嗒嗒嗒嗒
嗒嗒嗒嗒嗒嗒嗒嗒
找到了！
了不起！
斯科特·库克
Scott Cook
（1952—）
普罗克斯，我正在寻找像你这样的技术人员。
怎么样，要不要和我一起创业？
我感觉IT之中存在着无限的可能性。
让我们一起努力吧。
汤姆·普罗克斯
Tom Proulx
（1953—）

斯科特·库克与斯坦福大学的汤姆·普罗克斯一起成立了公司，并且进行了许多革新。
只要改革顺利，销量也能提高。
嗒嗒嗒嗒嗒
很好！
软件行业的巨头微软凭借Microsoft Money加入了竞争。
与此同时还出现了许多在线型的竞争对手，生存下来的道路变得非常艰难。
哎呀！
财捷号
狂风暴雨
嗒嗒嗒嗒嗒嗒
但是最近微软也加入了进来，还有很多来自网络创业者的竞争。
哎！
嗒嗒嗒
嗒嗒嗒
但是财捷集团大胆地进行了M&A（并购）。
M&A
M&A
M&A
M&A
通过「商业观察开发（参考176页）」守住了自己的核心商品。
真惊险啊！
嗒嗒嗒
商业观察是什么意思来着？
商业观察其实就是「行动观察」，我们对客户的行动进行了彻底的观察。
吹奏

仅仅『询问顾客的要求』是不可能产生出革新的。
我们会派工程师亲自去用户家中访问，通过摄影等方法来确认实际的使用情况。
打扰了，可以在您家里拍摄吗？
要在我家拍摄多长时间呢？
大概两天吧。
拍摄
嗒嗒嗒嗒
嗒嗒
真是的～都拍些什么呢？
讨厌啦。
吹奏
不会拍奇怪的内容的。
哎……她怎么好像很开心的样子？
他们通过拍摄的视频，详细地分析用户都怎样使用他们的商品，以及在使用过程中发生的问题。
这里好像出现了问题。
需要改善啊！
自从采取了这种活动之后，顾客满意度大幅提高。
满意度
咚
大幅提高
当然也不全是顺利的。
所谓革新就是改变人的行动原理，
我们也经历了许多失败。

哎……
都经历过什么样的失败呢？
……
……
摇滚……
哎……
嘿嘿嘿！
摇滚啊混蛋！
让摇滚起来！
电吉他
吹奏
电吉他
因为年轻顾客增加，财捷集团在提供优惠券的网站上选择了摇滚和爵士的背景音乐。
结果非常失败。
网站几乎没人来，取得的成果完全可以忽略不计。
也就是说对销售额的提高还不到0.5%，四舍五入的话根本就是零。
我还以为能行呢。
呜呜呜！
我挺喜欢的……

但是财捷集团的市场调研团队对这次失败进行了非常仔细的分析，并且给出了一份十分详细的报告，为的是避免再出现同样的错误。
这正是将隐性知识变为显性知识（参考确立篇201页）。
就是SECI哦！
野中郁次郎
董事长库克对这份报告。给出了极高的评价。
啪啪啪
啪
啪
啪
非常好！
这很重要！
It is only a failure, if we fail to get the learning.
如果我们没能从失败中学习经验和吸取教训，那就是真的失败。
让我们摇滚起来！
哈哈
我们公司真的没问题吗？
根本没有吸取教训啊。
要想提高「进行实验的能力」，
这种「应对失败的方法」是非常重要的。
不断地尝试必然伴随着失败。
必须接受失败，并且从中吸取经验和教训。

虽然适应性战略的名字里有『适应』这两个字，但这并不代表着一味地顺应和适应。
而是在提醒企业要不断地『进化』。
进化的反义词不是退化而是停滞。
进化
退化
停滞
进化并不是一过性的，而是由变异和淘汰引发的非连续性的动态适应。……
在前辈们奠定基础之后过了100年，经营战略论终于走到了这里！
『不试不知道』。
战略的方法已经掌握在我们的手中了！
摇滚
吹奏
哦哦哦哦哦哦哦哦哦

波士顿咨询公司的里维斯提倡的适应性战略

001

事业环境的 5 种分类。如果难以预测环境而且也无法对其进行控制，那就采取“适应性战略”

- 为经营战略史进行最后总结的是来自波士顿咨询公司的《适应性战略》（2011）。这本书的主要作者是在波士顿东京分公司工作，对吹奏非常感兴趣的英国人马丁・里维斯（Martin Reeves 1961—）。
- 波士顿咨询公司首先将事业环境按照预测可能性和控制可能性分成 5 个种类。如果事业环境属于⑤难以预测环境而且也无法对其进行控制，那就采取“适应性战略”。
- 适应性战略是对难以预测的事业环境变化做出迅速应对，并且以此作为“竞争力的源泉”。比如时装零售，就是难以预测环境也难以对其进行控制的行业。所以只能采取适应性战略。ZARA 和 H&M 都是如此。要想执行适应性战略，必须拥有“进行实验的能力”。正如文章中介绍的一样，宝洁公司在商品开发层面上就具有很强的实验能力，而宜家则在新事业开发层面上具有很强的实验能力。

002

如何利用失败。财捷集团从失败中吸取经验和教训

- 凭借面向个人的税务申报软件（Turbo Tax）和资产管理软件（Quicken）占据了压倒性市场份额的美国财捷集团（Intuit），也曾经经历了许多风浪。这家创业于电脑诞生期的 1983 年的企业，在成立不久便遭到软件行业巨头微软的 Microsoft Money 和许多在线型竞争对手的夹击，生存之路变得非常艰难。
- 但财捷集团在大胆地进行 M&A（并购）的同时还进行了彻底的“商业观察（行动观察）”，守护住了自己的核心商品。
- 财捷集团在挑战革新的时候也经历过惨痛的失败。2005 年因为年轻的顾客增加，于是财捷集团开设了一个叫作 rockyourrefund.com 的网站。这个以“让摇滚起来”为主题的活动网站播放摇滚和爵士等背景音乐，为使用者提供优惠券。但是，访问这个网站的人数却寥寥无几，最后取得的成果只能用惨淡来形容。
- 但是财捷集团的市场调研团队对这次失败进行了非常仔细的分析，并且给出了一份十分详细的报告，为的是避免再出现同样的错误。这正是将隐性知识变为显性知识（参考确立篇 201 页）。董事长库克对这份报告给出了极高的评价，并且说“It is only a failure，if we fail to get the learning”（如果我们没能从失败中学习经验和吸取教训，那就是真的失败）。
- 适应性战略是通往进化的飞跃。
- 虽然适应性战略的名字里有“适应”这两个字，但这并不代表着一味地顺应和适应，而是在提醒企业要不断地“进化”。进化的反义词不是退化※而是停滞。进化并不是一过性的，而是由变异和淘汰引发的非连续性的动态适应。在前辈们奠定基础之后过了 100 年，经营战略论终于走到了这里。虽然一切仍然是“不试不知道”，但战略的方法已经掌握在我们的手中了。

※ 退化的反义词是发达。进化是发达与退化的组合。

第四章

实现大逆转的『B3C框架』

Chapter 4

德鲁克与笔者 2012

德鲁克是什么人

三谷宏治

德鲁克先生的一生留下了大量著作和诸多预言，并且一直在担任大企业的管理顾问。在日本被称为是“经营之神”呢。

德鲁克

哪里哪里，我并不是什么“神”。我只是一直在思考“如何能够让企业与经营给人类带来幸福”，仅此而已。

三谷宏治

在您自己的著作之中，给您留下最深刻印象的是哪一部呢？

德鲁克

嗯，应该是《公司的概念》（*Concept of Corporation*，1946）吧。我受当时全世界最大最强的公司通用汽车的委托，对其进行了长达一年半的调查，探寻其组织强大的秘密，我将自己的调查结果整理成了这本书出版。没想到……

三谷宏治

没想到这本书被通用汽车自己列为“禁书”是吗？

德鲁克

大概是对我最后提出的“应该更进一步分权化”“人不是道具”的观点感到不满吧。就连本来和我关系很亲密的阿尔弗雷德·斯隆也因为这件事和我疏远了一段时间呢。但是，这并没有改变我的信念。如今回忆起来，正是因为这件事，教会了我“自信与谦逊”。

三谷宏治

要想获得世人的认可确实需要一段时间。

德鲁克

我之所以能够得到认可，或许也是日本企业的功劳。日本人通过我的著作接受并且活用了我的主张，20 世纪 70 年代成为包括通用汽车在内的美国企业的最强大的竞争对手，从那以后我的工作一下子就多了起来。

三谷宏治

这么说来，自从戴明博士战后来到日本之后，给日本企业提供了极大的帮助。

德鲁克

是的。

三谷宏治

戴明博士是统计学的专家。他在 1947 年来到日本帮助进行国势调查。日本企业通过他学会了如何将统计学应用在企业活动当中，从而实现了“高品质与低成本共存”的革新。

德鲁克

不过后来我把他从那份工作中拉了出来，从那以后他就一头扎进 QC（品质改善活动）之中了，但他的理论要想在美国获得认可还是需要时间的。1981 年他 81 岁高龄的时候才接到福特的正式工作委托。

三谷宏治

什么！话说德鲁克先生与麦肯锡也有很深的渊源吧。

德鲁克

被称为“麦肯锡中兴之祖”的马文 · 鲍尔曾经找我去帮他，但被我拒绝了。我不适合在组织里工作，不过我为他们想出了“经营管理顾问”这个词。后来，大家都开始用这个词了。

德鲁克

“知识社会”和“革新”等概念也是由我推广于世的。不过，都是早了 10 年。

三谷宏治

或许是 20 年呢（笑）。但日本人全都很感谢您。

德鲁克

所以书架上摆的都是我的书吧，那可是非常愚蠢的做法。只有多开拓视野，增长见识，才能发现真正有价值的东西。所以首先应该广泛地学习。

三谷宏治

是的，当然!

三谷宏治

我也尝试着提出了“B3C”的概念，可以帮我分析一下吗?就作为这本《经营战略全史》的最后总结吧。

用战场战略前进！

三谷宏治

Mitani

- 23 岁毕业于东京大学理科物理学系，入职波士顿咨询公司。
- 28 岁获得 INSEAD MBA 学位。
- 32 岁入职埃森哲，加入战略团队。
- 35 岁完成 *CRM*（共著），将 *CRM* 在日本推广。
- 39 岁成为埃森哲战略团队负责人。
- 43 岁成为 K.I.T. 虎之门大学院教授，专注于教育活动。
- 49 岁出版《经营战略全史》并成为畅销书，获得 2014 商业书大奖。

明茨伯格的变革方块

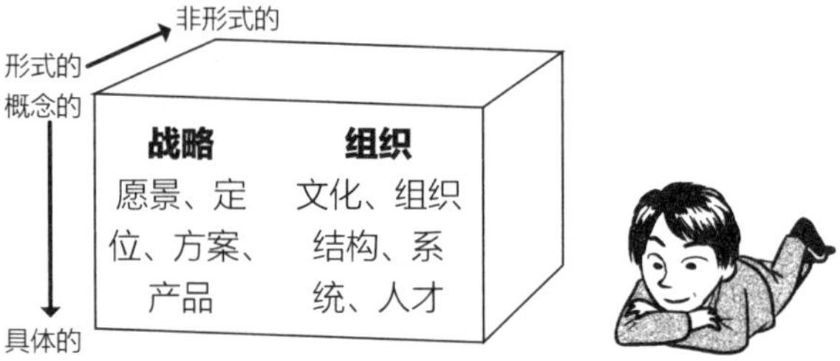

就连波特也没能把握“大象”？

1996 年，波特在《什么是战略》（哈佛商业评论）中断言“几乎所有的日本企业都不存在战略”，针对于此，明茨伯格在《战略历程》中提出“波特的《什么是战略》根本就不是战略”，对波特进行了猛烈的批判。

- 波特虽然认为“业务效率化是理所当然的前提”，然而这个前提并不容易实现，否则大家都不用辛苦地工作了。
- 提高效率也属于某种战略，这可能成为大幅改变战略的契机。
- 波特认为战略是“能够演绎和计算的”，“战略学习（学习）和创新性的战略（不断尝试的战略）”是不存在的。
- 波特强调战略就是选择的问题，但这种选择只在进行像多元化那样不连续的决策时才有意义。
- 如果说日本企业没有战略，那么说明企业没有战略也一样能够取得成功，这和波特的论点自相矛盾。

明茨伯格最后借用了一个寓言故事为他对波特的批判做总结。

- 有一个经济学家，他立刻就发现了问题。虽然他没有亲手触摸过野兽，但他也没有完全依赖经验。他这样说道：“这头大象力量强大，而且很有气势。因此用接近曲线的图表来表示比较好。”

这真是充满了明茨伯格风格的讽刺故事。他的意思是“波特没有触摸过大象（企业及其经营战略），所以不能（不愿）准确地把握整体”。

明茨伯格虽然从整体上把握了经营战略论，但却只是提出可整体把握经营战略的概念“变革方块”和一份利用已有方法的清单“变革方法映射”而已。

用来把握整体的 SWOT、TOWS 和 3C 模型

波特的“五力分析”，是用来理解业界结构，预测业界将来收益性的框架。波士顿咨询公司的经验曲线则是对成本进行理解和预测的工具。价值链是用来把握自己公司优势的工具，RBV 的 VRIO 分析则是对优势进行分析的框架。

上述这些所有的框架与工具，都只是把握住了经营战略这只“大象”的一部分而已。

3C 分析

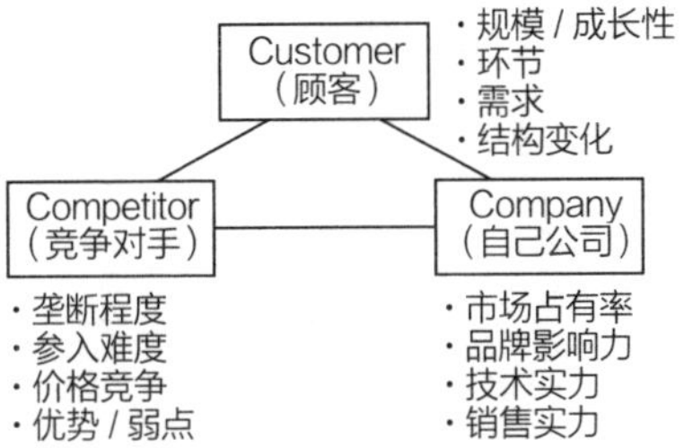

事实上，同时把握内部环境与外部环境，对定位与能力都有准确分析的框架是 SWOT 和 TOWS 矩阵。但这套框架只能用于整理和提出选项。

最后一个工具，就是“3C 分析”。

“3C 分析”从 Customer（顾客）、Competitor（竞争对手）、Company（自己公司）的 3 个 C 的视角进行思考，认为这三者之间是相互影响的。大前研一在其著作 *The Mind of the Strategist*（1982）中指出“任何经营战略的建立，都必须全面考虑这三个要素”，并且将这 3C 称为“战略铁三角※”。

但是只有 Customer 还不能称为“外部环境”。这也是波特的“五力分析”传递给我们的最重要的信息。

确定战场并总览整体

1996 年的时候，我创建了一套包括事业环境和对优势与弱点进行分析的框架。本来我打算将其当作商业学校的讲义，但这个框架也同样能够应用在实际的战略咨询项目之中，因此其作用和实用性都得到了大幅提高。从那以后的十几年间，许多商业学校的学生都学习了这一框架，并且将其应用在自己公司的战略构筑之中。

我将这个框架命名为“B3C 框架”，由 3×2 的 6 个区域组成，左右分为以下三个要素。

- 战场（Battle Circle）：用来表示市场的魅力度和事业特征。
- 竞争对手（Competitor）：用来表示竞争对手对事业的态度、战略以及优势和弱点。
- 自己公司（Company）：用来表示自己公司对事业的态度、战略以及优势和弱点。

由于这些要素的首字母缩写是 BCCC，所以我将其简称为 B3C。与“3C 分析”最大的区别在于，我将第一个 C（顾客）扩大成了 BC（战场）。这样一来就可以将“五力分析”和 PLC 都包含在这个框架之中。

这就是能够让经营战略这只“大象”行动起来的“B3C 框架”。接下来我将对其概要进行简单的说明。

※ 大前研一在 2000 年的著作中指出，随着新经济领域（网络、连锁、无国界）的出现，3C 已经不再通用。

三谷的 B3C 框架

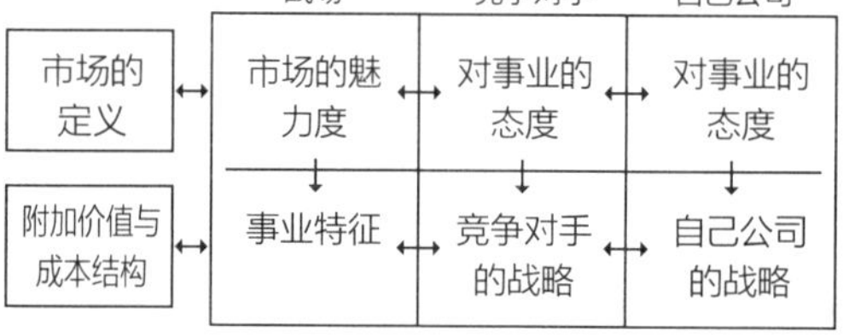

上半部分决定“对事业的态度”，下半部分决定“胜利的方法”

在这个 3×2 的矩阵从左至右依次是“战场”“竞争对手”“自己公司”。

那么上半部分和下半部分又分别代表什么呢?

下半部分是普通的事业战略。考虑的是这一事业如何才能取得胜利（How to win）。

但是，这样就只是停留在事业部长（事业战略）的视点上。作为经营战略的框架，还需要经营者（企业战略）的视点，也就是对事业间的资源分配的视点。

而上半部分的要素，决定的是是否应该继续这一事业（Stay or Exit），或者是否值得对这一事业进行投资（Invest or not）。因此战场的上半部分主要是测定“市场的魅力度”。如果市场的魅力度太低，那或许就没有进行投资的价值。

不过“市场魅力度低”并不直接意味着“自己公司缩小规模或退出”。如果竞争对手已经开始撤离，那么可以选择以获取“幸存者利益”为目标的生存战略。也就是说应该根据其他公司的态度来决定自己公司的态度。

用“市场魅力度”和“事业特征”来观察战场

战场的上半部分是用来测定“市场魅力度”的，这其中有三个基准。

- 规模（Size）：与自己公司对比。
- 成长性（Growth）：使用“PLC”。
- 收益性（Profitability）：使用“五力分析”。

如果这三个基准过低，那么“市场魅力度”也不会太高。

在实际分析过程中，有几点需要注意：

- 规模：市场的大小与自己公司的经营目的是否相符。比如对于丰田来说，如果新事业的市场规模只有 1 兆日元的话，那就太小了。
- 成长性：因为需要大量的投资，再加上成长期的收益性不可预期，因此要衡量自己公司的投资能力。

- 收益性：这里的收益性指的不是自己公司现在的收益性，而是使用“五力分析”对这个业界今后的收益性进行分析，要以中长期的视野为中心进行考虑。

需要注意的是，上述这些内容并不是针对“自己公司”的。

战场的下半部分是“事业特征（Business Characteristic）”。这部分是为了判断“市场对什么样的参与者有利”。比如市场究竟是对规模庞大的参与者有利，还是对效率更高的参与者有利。

要想把握这个问题，可以使用许多分析工具和框架。

- 优势矩阵：了解 4 种类型的事业特征。（见下页）
- 上层集中度分析：通过观察行业参与者的上层集中度，可以推测什么样的规模是有效的（或者是无效的）。如果市场中存在规模很小的参与者，那么应该搞清楚其存在的原因。
- 成本行为分析：分析主要成本会因为规模、范围、经验、多样性等因素的变化发生怎样的改变。可以使用“经验曲线”等进行分析。

不过，在进行上述分析之前，首先必须把握谁是真正的顾客（准确地说是对购买有决定权的人），顾客期望的价值（附加价值结构）是什么，以及为了提供这些价值业界会变成怎样的成本结构。

不管你付出多么辛苦的努力，如果提供的不是 DMU 所期望的价值，那也是毫无意义的。

波士顿咨询公司的优势矩阵

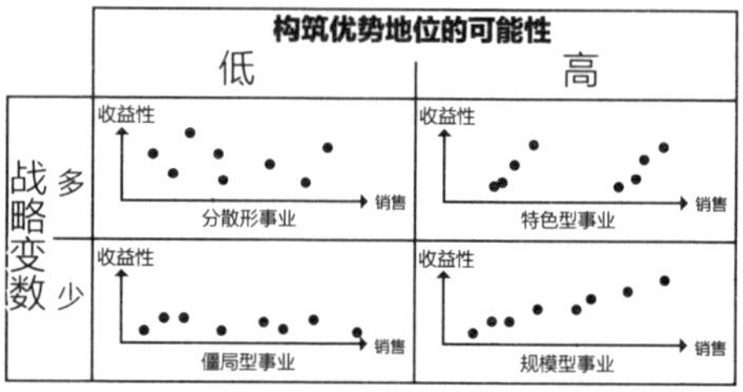

利用“优势矩阵”来理解事业特征

接下来又轮到波士顿咨询公司登场。优势矩阵将事业特征分为 4 个种类。通过这个矩阵，我们可以了解到决定企业收益性的最大因素是什么。

- 规模型（Scale）事业：只有规模有效。规模越大收益性越高。
- 特色型（Specialty）事业：除了规模之外，其他因素也有效。
- 分散型（Fragmented）事业：规模无效，只有其他因素有效。收益性比较分散。
- 僵局型（Stalemate）事业：什么都无效。整个公司收益都很低。

虽然这个矩阵也是创建了“市场增长率 – 相对市场份额矩阵”的波士顿咨询公司的理查德 · 洛克里奇的作品，但将其分成 4 个种类的其实是波士顿咨询公司东京分公司的负责人织畑基一（1939—2014）。后来洛克里奇（强行）将其变成 2×2 的矩阵。所以纵轴、横轴的说明才非常别扭。因此让我们忘掉纵轴和横轴吧。

在对着 4 种类型进行判断的时候，可以使用“销售额与收益性图表”。将业界众多参与者的销售额与收益性都用图表画出来，观察期收益性是随着规模的增大而提高，还是非常分散，或者所有人的收益性都很低，以此来进行判断。

从何处开始都无所谓，但最后必须要回到战场上来

B3C 框架从何处开始都无所谓。不从战场开始，而是从对竞争对手的分析或者从基准化分析开始都可以。

假设自己公司与最大的竞争对手相比，在“营业能力”和“物流能力”上处于劣势，那么应该立刻进行改善吗？答案是否定的。首先应该做的是判断“如果将这部分作为战场会怎样”。或许实际上对于绝大多数的顾客来说，营业能力是无关紧要的。这样的话强化营业能力就是一种浪费。请回忆一下精益创业中提到的内容吧（参考 168 页）。

回到战场上进行思考!

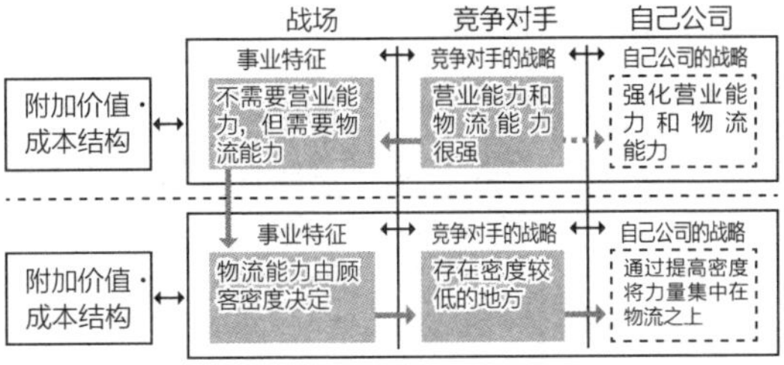

另外物流能力是由什么决定的呢？是规模还是密度？

通过“事业特征”可以对这个问题进行分析。在“不需要营业能力”“必须拥有能够短期内交货的物流能力”的情况下，为了实现短期内交货，那么提高区域内的顾客密度就是最有效的手段。明确了这一点之后，我们就可以对竞争对手进行分析了。找出在哪些区域能够在顾客密度上战胜竞争对手。

假设有一个市场魅力度高，投资意愿较强的规模型事业，通过调查发现竞争对手比自己公司的规模大一倍。这个时候应该怎么做？

如果全部条件就是这样，那么答案就是“没有胜算”，也没有“切实有效的战略”。

但让我们重新审视一下战场。真的只有规模能够造成影响吗？

从市场定义开始，以市场定义结束

对于商业活动来说，战场一定有其固定的范围。对商品、服务与地区范围进行规定的，就是“市场定义”。

B3C 框架就是从建立“市场定义”的作业假设开始的。如果不这样做，就会不知道应该从何开始。建立假设之后，就可以开始思考魅力度与胜算。如果二者皆无，就需要考虑放弃或者改变“市场定义”。就像这样不断地重复 B3C 的探究。

最后，当我们终于找到一个可行的市场（战场）定义时，我们可以将其称为“领域（Domain）”。这也是《孙子兵法》之中所说的“庙算”。

统一利基市场的 MS Office 战略

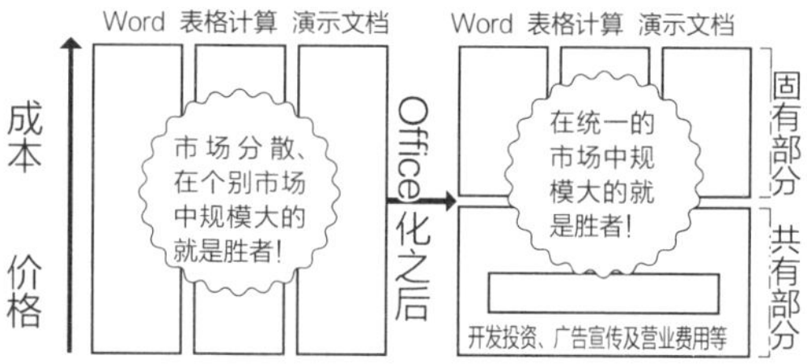

不要改变自己，而应该改变战场

B3C 框架最有趣的用途，就是不改变自己而是对战场进行变革的“战场战略”。

微软最赚钱的产品不是 windows 操作系统，而是 MS Office 系列办公软件。但这两个软件最开始只是各个市场中排名第 2—3 位的软件。

20 世纪 80 年代，MS Word 根本不是 Word Perfect 的对手，Excel 与 Lotus123 也有很大的差距。而且因为没有演示文档软件，为了与 Persuasion 相抗衡，微软刚刚收购了 PowerPoint。

在规模（市场占有率）处于压倒性重要地位的成套软件业界中，微软处于非常不利的地位。

于是微软提出了一个将分散的战场统一到一起的战略。1993 年的时候，他们将所有的办公软件整合成“Office”提供给顾客（个人用户或 PC 生产商）。

微软的竞争对手们并没有联合到一起，而是各自开发出了针对不同领域的办公软件，由于对手的这一重大失误，微软的“战场战略”取得了巨大的成功。从那以后，微软长期保持着年销售额提高 1 兆日元，利益率超过 70% 的优势地位。

小企业选择战场，创业公司创造战场

大企业可以通过大量的投资来改造自己所在的战场。比如与其他市场相结合，通过 M&A 来吸收竞争对手（提高收益性），提高市场的魅力度。

但相反的，大企业也不能轻易放弃自己身处的大市场，而小企业则可以轻而易举地选择其他的战场，将力量集中在一点（利基市场）。创业公司的责任则是创造新的市场。

B3C 框架与经营战略概念

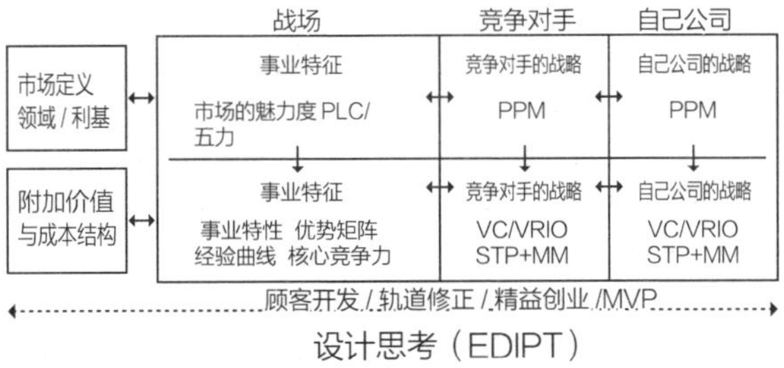

B3C 框架应该可以为不断尝试的经营战略提供帮助。不能盲目地舍弃，也不能鲁莽地创造，为了高效地进行有意义的宝贵尝试，应该首先用 B3C 框架进行思考实验。市场的定义如何，新的竞争对手是谁，敌人会采取怎样的行动……针对上述问题，自己公司应该如何构筑起具有持续性的优势地位。只有具备行动力和态度的参与者，才能够真正发挥出这些分析的价值。

毕竟“B3C”是将在这个经营战略全史中登场的 100 年的智慧凝聚在一起的框架。

登上名为经营战略的高山

提出携手攀登的结构学派

- 在持续的争论中，两派的理论都得到了更进一步的发展，当攀登到半山腰之后，人们终于发现"定位"与"能力"两者是缺一不可的。这就是由加拿大麦吉尔大学的明茨伯格等人提出的结构学派的思考方法。结构学派认为应该根据实际的状况选择合适的战略论进行组合，或者说必须这样做。其理论的结晶就是《战略历程》(1998)。

- 发源于欧洲的大热门战略论，由金伟灿和莫博涅创作的《蓝海战略》(2005) 可以说就是结构学派的理论之一。而早在 22 年前，被称为经营战略论之父的安索夫就已经对结构学派的理论进行了非常系统的整理。创作于因为石油危机而充满动荡的 20 世纪 70 年代的《战略管理》(1976)，就提出应该根据外部环境的变化程度（动荡程度），来决定究竟应该采用定位的战略还是能力的战略。

- 明茨伯格的言辞更加激烈。他认为经营战略是艺术品，而不是计划好的产物。只有创新性才能够构筑起有价值的战略。

更重要的是革新!

- 到了 20 世纪 90 年代后半段，已经很少有人再继续讨论定位和能力究竟谁先谁后，也不再拘泥于计划的制订方法，因为革新的时代到来了。伟大的经济学家熊彼特早在 20 世纪初期就已经指出，"人才是经济发展的原动力""革新的核心既不是资本家也不是劳动者，而是企业家"。熊彼特的主张因为难以公式化所以被看作是经济学上的异端，不过在 20 世纪 70—80 年代，德鲁克与麦肯锡的福斯特将熊彼特的主张引入了经营学之中。

- 随着 IT 和高科技的加速进步，革新的重要性急速提高。克里斯坦森的著作《革新者的窘境》(1997) 标志着大革新时代的到来。

● 21 世纪也是以新兴国家为舞台的全球化时代。戈文达拉扬提出了以新兴国家为起点的“逆向革新”，并且指出了社会革新的重要性。在学习、领导力以及组织各界，革新都成为最重要的主题。

● 这次名为“经营战略”的登山，最终是大家全都抵达了顶峰（革新）。

不试不知道——“不断尝试”的经营是最新的答案

● 当然，亚马逊、谷歌、苹果、INDITEX（ZARA）等先进企业并不打算原地等待，而是（拼命地）确立了自己的革新类型，并且取得了飞跃性的进步。

● 由此可见，现在的答案是“不试不知道”，高效的“尝试”以及尝试后及时的“学习和修正”才是最重要的。这就是“高效尝试”的力量，这种“不断尝试”的经营战略论就是“精益创业”以及“适应性战略”。

● 经营战略论经过长达 100 年的不断尝试之后，终于得出了这个最新的答案。当然或许明天还会出现新的“刺客”，或许这个“刺客”就是我们自己。

主要人物（按出场顺序）

亨利·明茨伯格 Henry Mintzberg——（1939— ）

战略要具体问题具体分析，构筑的方法也是充满艺术性的

· 结构学派的领头人
· 对波特的《战略是什么》进行了猛烈的批判

原标题：Original title
Strategy Safari

出版年：Publication year
1998

日版标题：Japanese title
战略历程第 2 版

出版社：Publisher
东洋经济新报社

登场页：Page
P14

罗伯特·卡普兰 Robert S.Kaplan——（1940— ）

一切都是相连的，也是必须相连的！

· 参与了诺顿的项目，开发出平衡计分卡
· 将定位、能力与财务融合

原标题：Original title
The Balanced Scorecard

出版年：Publication year
1992

日版标题：Japanese title
新译版
平衡计分卡

出版社：Publisher
生产性出版社

登场页：Page
P22

大卫·诺顿 David Norton——（1941— ）

用财务指标来判断经营已经是过去式了

· 成立「针对将来企业的业绩评价」项目
· 在诺兰·诺顿研究所推广平衡计分卡

原标题：Original title
The Balanced Scorecard

出版年：Publication year
1992

日版标题：Japanese title
新译版
平衡计分卡

出版社：Publisher
生产性出版社

登场页：Page
P22

勒妮·莫博涅
Renée Mauborgne——（1963—）

好的战略是创立一个没有竞争对手的新市场

- 普及「蓝海战略」的伟大演说家
- 与金伟灿一起连续 4 次入围 Thinkers50 前五名

原标题：Original title
Blue Ocean Strategy

出版年：Publication year
2005

日版标题：Japanese title
新版
蓝海战略

出版社：Publisher
钻石社

登场页：Page
P30

金伟灿
W. Chan Kim——（1952—）

战略就是找出一个新的市场概念，并且将其实现的能力

- 开发出「战略布局图」「消除、削减、增加、创造」等 12 种「蓝海战略」的工具
- 与莫博涅一起连续 4 次入围 Thinkers50 前五名

原标题：Original title
Blue Ocean Strategy

出版年：Publication year
2005

日版标题：Japanese title
新版
蓝海战略

出版社：Publisher
钻石社

登场页：Page
P30

杰夫·贝佐斯
Jeffrey Preston Bezos——（1964—）

网络除了交流平台之外还有其他作用吗

- 对速度和实体能力（物流中心）的投资非常重要
- 以成为电子商务中独一无二的存在为目标，不在乎竞争对手

企业名：Company
亚马逊

英文名：English name
Amazon

成立：Founded
1994

职务：Role
创业者

登场页：Page
P38

米尔顿·弗里德曼
Milton Friedman——（1912—2006）

经济应该排除一切的规制

- 「货币主义」和「小政府主义」分别成为英国的撒切尔以及美国的里根的基本政策
- 利用电视系列节目《自由选择》来反驳加尔布雷斯

原标题：Original title
Capitalism and Freedom

出版年：Publication year
2002

日版标题：Japanese title
资本主义与自由

出版社：Publisher
日经 BP 社

登场页：Page
P53

约翰·肯尼斯·加尔布雷斯

John Kenneth Galbraith——（1908—2006）

在无法预测未来的时代中，政府的作用非常重要

- 市场是不完美的，完全无法预测未来
- 电视系列节目《不确定的时代》非常受欢迎

原标题：Original title
The Age of Uncertainty

出版年：Publication year
1977

日版标题：Japanese title
不确定的时代

出版社：Publisher
TBS 不列颠

登场页：Page
P56

托马斯·弗里德曼

Thomas L.Friedman——（1953— ）

世界是平的

- 「防止纷争的黄金M型标志理论」与「戴尔纷争回避理论」遭到严厉的批判
- 3次获得普利策新闻奖

原标题：Original title
The World is Flat

出版年：Publication year
2005

日版标题：Japanese title
世界是平的

出版社：Publisher
日本经济新闻出版社

登场页：Page
P63

理查德·佛罗里达

Richard L.Florida——（1957— ）

以城市为单位来看的话世界越发地参差不齐

- 今后的产业中心是创意阶层，聚集了创意阶层的城市之间是平的
- 但除此之外的城市之间却非常参差不齐

原标题：Original title
The Flight of the Creative Class

出版年：Publication year
2005

日版标题：Japanese title
创意阶层的世纪

出版社：Publisher
钻石社

登场页：Page
P65

潘卡基·格玛沃特

Pankaj Ghemawat——（1959— ）

以国家为单位来看世界也不是平的

- 人才、物资、金钱以及信息，几乎都只在区域内流动
- 31岁成为哈佛商学院史上最年轻的正教授（波特是35岁）

原标题：Original title
Redefining Global Strategy

出版年：Publication year
2007

日版标题：Japanese title
不同国家的可口可乐味道也不一样吗

出版社：Publisher
文艺春秋

登场页：Page
P66

菲利普·埃文斯
Philip Evans——（1950— ）

网络让一切的界限都变得模糊不清。甚至分不清谁是生产者谁是消费者

·情报的「距离」与「丰富性」可以共存
·电子商务的圣经 *Blown to Bits*/ 波士顿咨询公司的贤者

原标题： Original title
Blown to Bits

出版年： Publication year
1999

日版标题： Japanese title
网络资本主义的
企业战略

出版社： Publisher
钻石社

登场页： Page
P71

温迪·科普
Wendy Sue Kopp——（1967— ）

美国的教育改革，如果没人做那就我来做

·创立 TFA，对名牌大学的优秀毕业生进行训练，然后派遣到教育困难学校进行为期 2 年的支援教育
·采用了所有成本都靠捐款获得的「捐赠模式」

TFA
NPO Teach For America

企业名： Company
美国教育行动

英文名： English name
Teach For America
（TFA）

成立： Founded
1990

职务： Role
创业者

登场页： Page
P78

克莱顿·克里斯坦森
Clayton M. Christensen——（1952— ）

越是重视顾客的优秀企业越容易在革新中失败

·应该成立小型的别动队，针对不同的顾客群体进行尝试性经营
·具有革新精神的领导拥有优秀的发现力

原标题： Original title
The Innovator's
Dilemma

出版年： Publication year
1997

日版标题： Japanese title
增补修订版
革新者的窘境

出版社： Publisher
翔泳社

登场页： Page
P82

维贾伊·戈文达拉扬
Vijay Govindarajan——（1949— ）

现在革新都发生在新兴国家和发展中国家

·在通用电气内部进行调查后发现「逆向革新」
·给当地企业以经营资源和权限，接受其与总公司产品之间的竞争

原标题： Original title
Reverse Innovation

出版年： Publication year
2012

日版标题： Japanese title
逆向革新

出版社： Publisher
钻石社

登场页： Page
P92

渡边良机

Yoshiki Watanabe——（1945—）

通过网络来寻找那些需要定制弹簧的超小型顾客

· 平均生产单位只有 5 个，数量却有几万件，「弹簧界的长尾」

· 通过网络实现了高收益与高成长的共存

企业名：Company
东海弹簧工业

英文名：English name
Tokaibane Mfg

成立：Founded
1934

职务：Role
社长

登场页：Page
P102

利夫·埃德温森

Leif Edvinsson——（1946—）

通过未来中心诞生未来的知识资本

· 让多数利益相关者能够进行平等交流的，具有创意性的对话平台

· 被欧洲的公共部门采用

原标题：Original title
Intellectual Capital

出版年：Publication year
1997

日版标题：Japanese title
知识资本

出版社：Publisher
日本能率协会
管理中心

登场页：Page
P109

野村恭彦

Takahiko Nomura——（1967—）

拥有通过网络合作改变社会的想象力

· 在企业中建立交流的文化，与未来的股东进行对话

· 未来中心在日本是从民间开始的

原标题：Original title

出版年：Publication year
2012

日版标题：Japanese title
创建未来中心

出版社：Publisher
PRESIDENT 社

登场页：Page
P110

山中伸弥

Shinya Yamanaka——（1962—）

如果没有知识产权的专家就无法在世界上战斗

· 努力通过自主取得 iPS 细胞的主要专利来使其普及

· 亲自招募了专利专家（高须直子）

企业名：Company
京都大学 iPS
细胞研究所

英文名：English name
CiRA

成立：Founded
2010

职务：Role
所长

登场页：Page
P113

高须直子
Naoko Takasu——（1962—）

用知识产权战略保护 iPS 研究的基础

·在制药公司担任研究人员出身的知识产权负责人，被山中伸弥亲自招到麾下
·虽然英语水平不高但却走遍全世界进行交涉

企业名：Company
京都大学 iPS 细胞研究所

英文名：English name
CiRA

成立：Founded
2010

职务：Role
原知识产权管理室长所长室长

登场页：Page
P114

琳达·格拉顿
Lynda Gratton——（1955—）

变革工作方法，自主选择未来

·无所事事地混日子，即便身处发达国家也会落入最底层
·「多项技能」「与他人合作」「收入与消费之外的满足」

原标题：Original title
The Shift

出版年：Publication year
2011

日版标题：Japanese title
转变

出版社：Publisher
PRESIDENT 社

登场页：Page
P114

穆罕默德·尤努斯
Muhammad Yunus——（1940—）

小额贷款拯救了发展中国家的女性们

·不应该以「贷款者的偿还能力」作为担保，而应该选择「伙伴间的信任」
·凭借格莱珉银行获得诺贝尔和平奖（2006）

企业名：Company
格莱珉银行

英文名：English name
Grameen Bank

成立：Founded
1983

职务：Role
成立者

登场页：Page
P122

劳埃德·沙普利
Lloyd Stowell Shapley——（1923—2016）

男女间的匹配（结婚）是数学问题

·在寻找稳定匹配的过程中发现了算法
·与罗思获得诺贝尔经济学奖（2012）

原标题：Original title
Valuse of Non-Atomic Games

出版年：Publication year
1974

出版社：Publisher
Princeton Univ. Press

登场页：Page
P124

阿尔文·罗思

Alvin Elliot Roth——(1951—)

利用根据博弈理论的匹配解决社会问题

- 改良了医院和研修医师的匹配程序
- 与沙普利获得诺贝尔经济学奖(2012)

原标题：Original title
Who Gets What

出版年：Publication year
2015

日版标题：Japanese title
Who Gets What

出版社：Publisher
日本经济新闻出版社

登场页：Page
P124

萨尔曼·可汗

Salman Khan——(1976—)

免费向全世界提供高品质的对话型教育内容

- 利用捐款运营「可汗学院」，为100万人以上提供教育内容
- 聚集了许多青年才俊

企业名：Company
可汗学院

英文名：English name
Khan Academy

成立：Founded
2006

职务：Role
创立者

登场页：Page
P126

邓肯·沃茨

Ducan Watts——(1971—)

不要从历史中学习，应该从众智和对比试验中学习

- 人类有很强的偏见，所以容易因为成功经验导致巨大的失败
- 「开放式革新」「亮点方法」「现场的对比试验」

原标题：Original title
Everything Is Obvious Once You Know the Answer

出版年：Publication year
2011

日版标题：Japanese title
偶然的科学

出版社：Publisher
早川书房

登场页：Page
P132

丹·希洛克

Dan Siroker——(1983—)

通过数据的力量不用考虑了上下级关系。这就是数据民主主义

- 谷歌的A/B试验帮助了奥巴马的选举合同
- 通过制定指标、用数字测定政策效果，以及不断的改善，使志愿者人数增加了30万人

原标题：Original title
A/B Testing: The Most Powerful Way to Turn Clicks Into Customers

出版年：Publication year
2013

日版标题：Japanese title
部长，你的直觉是错误的！

出版社：Publisher
新潮社

登场页：Page
P146

拉里·佩奇

Lawrence Edward「Larry」Page——（1973— ）

不要害怕失败，但失败一定要趁早

- 从 2011 年开始大约停止与合并了 30 种服务
- 谷歌创始人之一，2011 年开始担任 CEO

企业名： Company
谷歌

英文名： English name
Google

成立： Founded
1998

职务： Role
共同创业者 CEO

登场页： Page
P150

埃里克·施密特

Eric Emerson Schmidt——（1955— ）

只有创业者才能够推动美国和世界的经济发展

- 在 IT 行业，必须进行许多乍看起来好像没什么作用的尝试
- 从 2001 年到 2010 年担任谷歌的 CEO

原标题： Original title
How Google Works

出版年： Publication year
2014

日版标题： Japanese title
How Google Works

出版社： Publisher
日本经济新闻出版社

登场页： Page
P150

蒂姆·布朗

Tim Brown——（1962— ）

只有以顾客为中心不断进行尝试，才能找到好的解决办法

- Empathy、Define、Ideate、Prototype、Test 的「设计思考」
- 灵活地重复进行 EDIPT 的 IDEO 的 CEO

原标题： Original title
Change by Design

出版年： Publication year
2009

日版标题： Japanese title
设计思考改变世界

出版社： Publisher
早川书房

登场页： Page
P156

格雷格·林登

Greg Linden

即便被上司否定，也要用结果来让他闭嘴

- 提议在 Amazon 加入「确认购物车时推荐商品」的功能
- 通过 A/B 测试证明这一方案能够带来巨大的利益

企业名： Company
亚马逊

英文名： English name
Amazon

成立： Founded
1994

职务： Role
原 Senior Manager & Principal Software Engineer

登场页： Page
P152

汤姆·凯利
Tom Kelley——（1955— ）

让大量制作粗制样品成为企业文化

· 在所有的步骤中都制作样品进行测试，对样品不要追求太高的品质。

· IDEO 总经理

原标题：Original title
The Art of Innovation

出版年：Publication year
2001

日版标题：Japanese title
创意公司!

出版社：Publisher
早川书房

登场页：Page
P156

大卫·凯利
David M.Kelley——（1951— ）

MBA 光说不练，根本派不上用场

· 创意思考比理论思考更重要，尝试与验证比纸上谈兵更重要

· IDEO 的创业者

原标题：Original title
Creative Confidence

出版年：Publication year
2013

日版标题：Japanese title
创意思考

出版社：Publisher
日经 BP 社

登场页：Page
P156

史蒂夫·布兰克
Steve Blank——（1953— ）

创业只需要商品开发和顾客开发的能力就足够了

· 掌握核心客户并与之共同进步

· 如果失败的话就立刻进行轨道修正然后重新挑战

原标题：Original title
The Four Steps to the Epiphany

出版年：Publication year
2005

日版标题：Japanese title
创业者的教科书

出版社：Publisher
翔泳社

登场页：Page
P168

埃里克·莱斯
Eric Ries——（1979— ）

创业要消除无用功！

· 最大的浪费就是工程师制作无法验证的完成品

· 用最小化可行产品（MVP）来高效地进行尝试

原标题：Original title
The Lean Startup

出版年：Publication year
2011

日版标题：Japanese title
精益创业

出版社：Publisher
日经 BR 社

登场页：Page
P168

马丁·里维斯
Martin Reeves——（1961— ）

如果不能预测环境也不能对其进行控制的话，那就采用适应性战略

· 关键在于「进行实验的能力」。ZARA 和 IKEA 在这方面都很优秀
· 波士顿咨询公司的战略思想家，对尺八非常感兴趣

原标题：Original title
Your Strategy Needs a Strategy

出版年：Publication year
2015

日版标题：Japanese title
战略才需要「战略」

出版社：Publisher
日本经济新闻出版社

登场页：Page
P178

斯科特·库克
Scott Cook——（1952— ）

革新就是改变人类的行动原理

· 3 个人在用户家中进行为期 2 天的连续观察「商业观察」
· 从电脑诞生期生存下来的税务申报软件的财捷集团的创业者

企业名：Company
财捷集团

英文名：English name
Intuit

成立：Founded
1983

职务：Role
创业者

登场页：Page
P182

三谷宏治
Koji Mitani——（1964— ）

创造飞跃，选择、创造、总结……

· 作为统一的战略思考工具的「B3C 框架」
· 在波士顿咨询公司和埃森哲工作过后，现在专注于下一代的教育

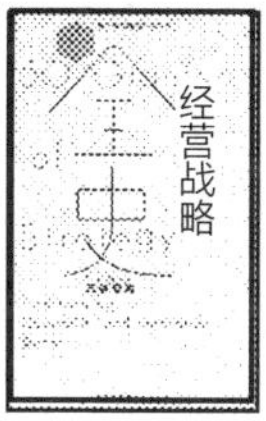

出版年：Publication year
2013

日版标题：Japanese title
经营战略全史

出版社：Publisher
Discover 21

登场页：Page
P190

织畑基一
Motokazu Orihata——（1939—2014）

事业特征分为 4 个种类

· 洛克里奇将「规模型」「特色型」「分散型」「僵局型」做成了矩阵
· 担任波士顿咨询公司东京分公司负责人

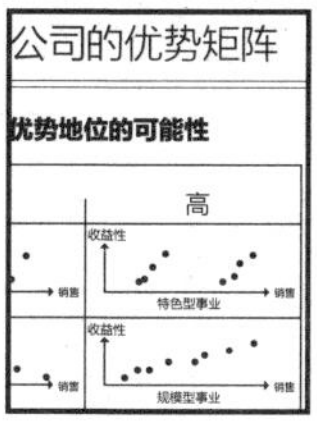

出版年：Publication year
2004

日版标题：Japanese title
欧洲模式的经营革新

出版社：Publisher
PRESIDENT 社

登场页：Page
P198

结　语

你现在处于什么位置？

- 这本书原本叫作《经营战略全史》，是一本厚达 432 页的书。出版于 2013 年。因为“有趣且实用”得到众多经营者与管理顾问的宣传，就连大学生们都说“看了这本书考试都不用愁”。因为受到从初学者到资深人士的广泛喜爱，所以这本书销量超过 8 万册，成为热门作品。

- 在正文中登场的人物共有 133 名，涉及的书籍有 70 种，公司 47 家。为大家介绍了从 20 世纪初期开始到现在这 100 年间出现的 90 多个“经营战略论”，包括其诞生的背景，以及在时代发展中的地位。

- 这本《经营战略全史・极简图文版》，将文字版的全部内容一字不落地全部收录进来。在看完了两本书全部的内容之后，大家认为自己的企业和组织如今正处于这个广大的经营战略史的什么位置呢? 处于怎样的事业环境之中，以怎样的定位为目标呢? 为了今后的发展，需要培养怎样的能力呢? 能够顺利地取得成果吗?

- 万一（恐怕在绝大多数情况下），上述这些内容全都模糊不清或者不是很充分，那就应该尝试新的方法。但说是新方法，也没必要完全自己从零开始创造。即便是每天都在出现的“新”概念，绝大多数也是在过去 15—40 年前的伟人们提出过的。

一定要拥有“失败的勇气”

- 也就是说问题在于如何倾听伟人们的主张，以及如何将其修正和实现。选择一个最符合自己所处状况以及自身能力的经营战略论，一边对其进行改良一边将其变成自己公司的东西。

- 本书之中介绍的经营战略论都不是纸上谈兵，而是众所周知，得到众多企业实践的理论。

- 而且“几乎所有”的理论都因为“难以实行”或者“无法取得成果”而被看作是不完美的东西遭到抛弃。否则的话，就不会诞生出新的经营战略论。如果 PLC 战略是完美的，那么就不会诞生出之后的市场战略论，因为“市场已死”。但正因为 PLC 是不完美的，所以才会不断地产生出新的战略论。

- 用善于讽刺的超级通才明茨伯格的话来说，所有的理论都是错误的。即便如此，管理者为了使组织运转起来，还是要从中选出一个。

- 《经营战略全史》的存在意义，或许是让大家“避免无谓的失败”。让每个人都能够实现高效的不断尝试型经营。

“图文版”的价值所在?

- 但这次“图文版”的最大目的是“让大家都能够轻松地了解经营学”。为了让刚接触经营学和经营战略论的人也能够饶有兴致地一口气读完，本书中的登场人物全都唱着、跳着、哭着、笑着，使出浑身解数展现着自身的魅力。这一切都是图画原作者星井的……不不，都是我的责任。

- 对于想要挑战新领域的初学者来说，最大的敌人就是“新单词”。在经营战略论中也拥有许多英语单词和缩写：SWOT、PLC、PPM 等。但只是记住这些单词或者缩写，对实际工作没有任何帮助，所以关键在于掌握这些单词所包含的“意思”。要想做到这一点，确实需要下一番功夫。

- ①本书的主人公不是女子高中生，而是学者和经营者本身。从提出各个经营战略论的本人的视点，来为诸位读者说明这个经营战略论的概念和意图。

- ②本书并不是经营战略论的论文集和学派介绍，而是以讲故事的形式结合社会状况，对经营战略论进行俯瞰式的通俗易懂的讲解。

- ③本书以漫画为主体，而且以图解的形式对主要概念进行解说，这样更便于大家理解经营战略论的整体情况，并且有助于读者更进一步地学习。

我与经营战略

波士顿咨询公司、埃森哲、INSEAD

- 在大学学完物理学之后，我进入波士顿咨询公司工作了 9 年半（其中一年半在 INSEAD（英士国际商学院）），在埃森哲工作了 10 年，可以说作为经营战略管理顾问工作了将近 20 年的时间。

- 其间，我在波士顿咨询公司与乔治・斯托克和菲尔・埃文斯有过接触，和马丁・里维斯共同合作过项目，还结识了许多麦肯锡的知己。我在埃森哲工作的时候与迈克尔・波特进行过辩论，在 INSEAD 听过金伟灿的课，那时候他还没有出名。

- 在商业系的 SNS 领英（LinkedIn）上查一下就会发现，本书中的登场人物，相互之间几乎都只隔着一两个人，由此可见世界真的很小。

- 2006 年开始我致力于面向社会人士、家长、教师、孩子们的教育活动。我这样做的目的在于，提高“所有人”的想象力和决断力。我每年面向 1 万以上的人次进行演讲、讲座和研修活动，还坚持出版书籍，我一直以来的追求都是“通俗易懂”“简单有趣”。不管是多么有价值的内容，如果不能够让大家理解和应用那就毫无意义。让人在学习中感觉到快乐，能激发起人们的学习欲望。

- 《经营战略全史》自不必说，这本《经营战略全史・极简图文版》的目标也是“简单有趣的战略书”。大家可以将这本书作为学习经营史的第一步，引领大家深入地学习与探究。或许我们没有时间进行非常仔细的思考，但没关系，因为现在需要的并不是深思熟虑，而是高效地不断尝试。

最后的总结

- 最后请允许我对在本书出版过程中提供帮助的诸位表示由衷的感谢。首先是向我提出这本《经营战略全史・极简图文版》创意，并且随后为了预算和管理而四处奔走的 PHP 研究所娱乐出版部的木南勇二先生，对我的诸多无理要求都给予了最大限度的满足。这次能够两本同时出版也非常了不起。

- 在制作上倾尽全力的星井博文先生，对人物的设定实在是非常有趣。波士顿咨询公司的贤者埃文斯变成了拿着水晶球的占卜师，能力学派的重镇巴尼变成了嘴里叼着树枝的带头大哥，真是让人忍不住哈哈大笑。在书中登场的诸位看到自己的这副模样一定也会笑着原谅他吧。飞高翔先生则将人物设定迅速地变成了漫画形象，真不愧是专业人士。

- 负责封面等装帧设计的永井贵先生，完美地解决了“让漫画的乐趣与教科书的实用性共存”这一难题。还有在这一年来负责制作管理的 TREND-PRO 的两位。第一代的平井友望先生以及第二代的棚原响子女士，辛苦你们了！两位积极乐观的态度是支持我创作完成的原动力。我说得没错吧，星井先生。

- 除此之外，还有许多为本书的出版提供帮助和鼓励的人，谢谢你们。

- 如果早知道这项工作如此辛苦，我还会接受这个企划案吗？但现在说这些已经没有任何的意义，因为一开始的时候我也不知道这项工作会如此有趣。

- 未来的 100 年，经营战略论会有怎样的发展呢？深度学习（人工智能）、IoT（物联网）、自动运行（谷歌的独立运行）、Fin-Tech（金融科技）……技术的进化永无止境。但创造这一切的却是人，思考其用法的也是人。而经营战略又会如何将人与组织，社会与技术联系起来呢？

- 我想这个问题的答案就掌握在大家的手中。让我们拭目以待吧。

2016 年 5 月
三谷宏治

图书在版编目（CIP）数据

经营战略全史·革新篇：极简图文版 /（日）三谷宏治著；朱悦玮译.— 广州：广东人民出版社，2017.10

ISBN 978-7-218-11775-1

Ⅰ.①经… Ⅱ.①三… ②朱… Ⅲ.①企业战略－研究②企业管理－技术革新－研究 Ⅳ.①F272②F273.1

中国版本图书馆CIP数据核字（2017）第111510号

广东省版权著作权合同登记号：图字：19-2016-229
MANGA KEIEISENRYAKU ZENSHI KAKUSHIN-HEN

Scenario by Hirobumi HOSHII
Cartoon by Sho HIDAKA
First published in Japan in 2016 by PHP Institute, Inc.
Simplified Chinese translation rights arranged with PHP Institute, Inc.
through Bardon-Chinese Media Agency

Jingying Zhanlüe Quanshi Gexinpian Jijian Tuwenban

经营战略全史·革新篇：极简图文版

〔日〕三谷宏治　著　朱悦玮　译

出 版 人： 肖风华

策划编辑： 詹继梅
责任编辑： 马妮璐
装帧设计： 观止堂－未氓
责任技编： 周　杰　易志华

出版发行： 广东人民出版社
地　　址： 广州市大沙头四马路 10 号（邮政编码：510102）
电　　话：（020）83798714（总编室）
传　　真：（020）83780199
网　　址： http：//www.gdpph.com
印　　刷： 大厂回族自治县正兴印务有限公司
开　　本： 710mm×1000mm　1/16
印　　张： 14.5　**字数：** 200 千字
版　　次： 2017 年 10 月第 1 版　2017 年 10 月第 1 次印刷
定　　价： 48.00 元

如发现印装质量问题，影响阅读，请与出版社（020-83795749）联系调换。
售书热线：（020-83795240）